マスターからの手紙

超訳『老子道徳経』

雲黒斎

小学館

プロローグ

なぜこうも人生は思い通りに進んでくれないのか。

よかれと思った選択の数々が、ことごとく裏目に出る――。

これまでの半生を反芻し、どうすればこんな目に遭わずにすんだのだろうと考えてみても、明確な答えは見つからない。

もとより、それが見つかったところで時すでに遅し。仮に原因がわかったとしても、過去に舞い戻ることはできないのだから、いま目の前にある現実が変わることなどないのだ。

「もしあの時、違う選択、別な行動をとっていたら……」と、どれだけ後悔の念を深めたところで、なんの解決にもならないとわかってはいるものの、その不毛な思考の繰り返しから逃れられずにいる。

陰湿な思考から、夢や希望といった明るいビジョンに切り替えようとしても、「別な国や別な時代に生まれていたら。奇跡を起こせたなら」といった、現実離れしたものばかりが浮かんでしまう。

その日も、尹喜《いんき》は槍を片手に門の前に突っ立ったまま、モヤモヤを募らせていた。

なによりこの「門番」という役職は暇である。

都の役所にいたときは何かと気を紛らわせてくれる忙しさもあったが、ここ、西の国境に建つ関所「函谷関《かんこくかん》」での仕事は特に暇だ。日がな一日突っ立っているだけで、正直、犬でも勤まるのではないかと思ってしまう。

門を破ろうとする者がいなければ本来の職務も果たしようがない。何をすることもなく、ただ立ち尽くすだけの毎日は、ある種の拷問のようですらあった。

もちろん、また大きな戦が始まるともなれば話は一変し、生きるか死ぬかの血なまぐさい状況に身を置くことになるのだから、それはそれで地獄だ。真っ平御免被りたい。

しかしだ。さすがにこの「なにも起こらない」という日々の中では、手柄のひとつも立てられることはなく、毎日のように稼ぎの少なさを責める、妻の悪態にうんざりするとともに、自分の不甲斐なさに打ちのめされていた。

人一倍志が高い分、理想と現実とのギャップに苛立ちが募った。

頑張っても頑張っても、一向に報われる気がしない。と言うか、いまさら何をどう頑張ればいいって言うんだ？

「よう！　憂鬱の国の王子様、今日はいったい何を思い悩んでおられるのかな？」

一時間も遅刻してきた同僚が、尹喜の肩に軽々しく手を添え声を掛けた。

「よくまぁ毎日毎日飽きもせず、そう鬱々とした表情でいられるな。今日の不満はなんだよ。金か？　女房か？　それとも仕事か？」

「お前のそのヘラヘラした態度もだよ」という言葉をぐっと押しこらえ、尹喜は「全部だよ」と苦虫を噛みつぶしたような顔で答えた。

元をたどればどこからになるのだろう。かれこれこの三年ほどは、何ひとつ幸せな気持ちになれた記憶がない。いつのまにか人生の歯車はすっかり狂ってしまって、身の回りに起こるすべての出来事が、苛立ちや不満の対象でしかなくなっている。

「結局誰の人生だってそんなもんなんだよ。いいかげんにしてくんねぇかなぁ。お前のそういう表情みてると、こっちまで気分が悪くなってくる。笑顔とまでは言わないから、せめてその眉間の皺ぐらいは無くしてくれよ」

その言葉が、余計に尹喜の眉間にザックリと切れ込みを入れた。

「うるせえ！　他人事だと思って簡単に言うんじゃねーよ！」

「……んだとこの野郎！　人がせっかく相談に乗ってやろうとしてんのに逆ギレかよ！」

ほらまただ。日々鬱積したストレスが、ちょっとした拍子で破裂してしまう。一事が万事この調子で、すべてが崩れていく。

ほとほと自分に嫌気がさしているところに、ゴッという鈍い音がした。

一瞬のうちに尹喜の視線は流されて、気づけば目の前には地面が見えていた。左の頬にはジンジンとした熱さが、口の中には鉄の味が一気に広がる。

もう、殴り返す気力すらなかった。ただただ、どこにもぶつけることができない怒りと、抱えきれなくなった自己嫌悪の気持ちだけが尹喜の心にドロドロと押し寄せる。

「畜生ぉぉぉぉぉぉぉ！！！！　俺はいったい何の為に生きてるんだよ！　教えてくれよ！　人生っていったい何なんだよぉぉぉぉ！！！」

誰に聞いているわけでもない。尹喜は、額を地面にこすりつけながら、腹の底から悶えるように叫び続けた。

＊＊＊＊＊

「伯陽っ！　伯陽はおるか⁉」

ズカズカと歩み入った男の大声が、静まりかえっていた図書館の壁を振るわせた。

筆を進めていた司書がビクリと跳ね、大声の主を見上げておずおずと答える。

「李先生なら、つい先日引退なされましたが……」

「なっ⁉　引退っ⁉　まさか、職を捨てたというのか⁉」

国が混乱しているこの最中に引退するとは何事ぞと、男は息巻きながら司書に詰め寄った。

「太師から要請があった。あの男の知恵が必要だ。一刻を争う、すぐに呼び戻せ！」

「し、しかしながら、先生はすでにお住まいも引き払われたと伺っております。呼び戻すにせよ、どこを尋ねればよいものかも……」

「家を引き払った？」

「なんでも、ご旅行に出られると」

「以前から掴み所のない爺だとは思っていたが、まさかこの一大事に暢気に旅に出ようとは」

男はあきれて大きくため息をついた。

「で、どこに？」

「いえ、特に目的地は定めておられなかったようです。ただ、西へ向けて放浪すると……」

司書が申し訳なさげに頭を下げ、小さな声で答えた。

「まったく……。しょうがない、それでは彼を連れ戻すよう、各関所に通達を出せ。姓は『李』、名は『耳』、字《あざな》は『伯陽』または『聃《たん》』。のらりくらりとした、大きな耳が特徴の男だ。国の一大事につき、大至急見つけ出して帰還させせよ、それなりの褒美も用意すると。念のため、西だけではなく、すべての関所に連絡をまわさせ。ほれ、何をボーッとしている！　さっさと通達を書いて馬を出さぬか！」

「か、かしこまりました！」

数日後、その通達は尹喜のもとへも届いた。

「李、伯陽……」

尹喜は通達を見ながら、どこかで聞いたことがあるような、と視線を虚空に泳がせながら記憶をたどる。

しばしてからハッと目を見開いた。

「守蔵室・図書館司書の李伯陽！　もしや、噂に聞いた『老聃《ろうたん》』ではないか⁉」

抜群に頭が切れ「まさに周の生き字引」と称される要人でありながら、出世や権威に興味がなく、前に出ることも嫌がるため、お上《かみ》の連中からも、時折「頼りたくても扱い切れぬあまのじゃく者」と囁かれている男。

なにより老聃の噂が広まった最大の理由は、誰もが幸せになれる、「道《タオ》」なる秘密の教えを知っているという話だ。

噂を聞いた連中は、是非ともその秘密を教えてくれと彼の元を尋ねるが、飄々と話をはぐらかしては核心を語らないという。

もしもこの通達にある「李伯陽」が老聃その人だとしたら、なるほど噂通りの変わり者だ。

「職も世も捨てての放浪の旅。そこにきて国から呼び戻されるってんだから、こりゃあ噂も本当だな」

彼が西へ旅立ったとなれば、ここを通る確率が一番高い。久々に訪れた、手柄を挙げる大チャンスに、尹喜の胸はドクンと跳ねた。

さて、どうやって引き留め連れ戻そうか――。

「そんなに頭の切れる変わり者じゃ、一筋縄ではいかないよなぁ」

尹喜が胸に妙なざわつきを抱いていたまさにその時、水牛にまたがったひとりの男が、函谷関を通り過ぎようとしていた。

「やあやあ、お役人さん、おつとめご苦労様。では、失礼いたしますよ」

「いや、おじさん、ちょっと待って!」

尹喜は慌てて男の行く手を妨げた。

「呼び止めてすみませんね、一応これも仕事なもので」

「どうなさいました?」

「いえ、ちょっとだけお伺いしたいことがありましてね。これからどちらへお出かけですか?」

「どちらへって言われてもねぇ……。特に決まってないんですよ。まぁ、自由気ままに、放浪の旅ってところです」

そらきた大当たり! あてのない旅に大きな耳、この飄々とした佇まいは間違いない「李伯陽」

だ！

　もう聞くまでもないのだが、と思いながら尹喜は尋ねた。

「すみませんが、お名前を伺えますか？」

　尹喜の表情を見て、男は何かを察したのだろうか。「あれぇ？」なんて言いながら大げさに後ろを振り返ってこう続けた。

「名前、名前ねぇ。どうやらどっかに落っことしちゃったみたいだ」

　思いも寄らない返答に尹喜は言葉を失い、あからさまに呆れてみせる。

「ああ、大丈夫、大丈夫。名前ぐらい落っことしてもなんてこたぁない。もとより世を捨て旅に出るんだ。もう使うこともないだろう」

　そう言って男は笑ったが、「はいそうですか」と言うわけにはいかないと、尹喜は男にお達しを見せた。

「李先生、ですよね？　申し訳ありませんが、お戻りいただけますか？　こうしてお達しが出てしまっている以上、わたしもそのままお通しするわけにはいかないのです」

　男は尹喜が手渡した通達に目を通し終わると、頭を掻いて「見逃してくれないかな？」とかわいらしく伺いを立てた。

「そういうワケには参りません」

「いや、そこをなんとか。別に悪事を働いて指名手配を受けているわけじゃないんだからさ。お上はやたら知恵を貸せと言うわりに、てんで話を聞いちゃくれないんだ。連中の頭の固さと身勝手さは君もよく知っているだろう？　ほら、僕はご覧の通りの老いぼれだ。残されたわずかな余生ぐらい、静かに過ごさせてはくれないかね」

そこからの伯陽の話はさすがだった。言葉少なでありながら理路整然と話を進め、あれよあれよという間に、すっかり尹喜の心を掴かみ、いよいよ「見逃してもいいか」なんて気持ちにさせてしまう。たしかに彼の言うとおり、悪人を取り逃がすわけでもない。見逃したところで咎《とが》められるような証拠もない。

しかしだ、このまま彼を通してしまえば、せっかくの手柄がパーだ。みすみす褒美を逃してしまうのもまた忍ばれる。

どうしようかと尹喜が頭を悩ませていると、不意にひらめきが降りてきた。

少々小賢しい気もするが、ダメで元々、お願いするだけしてみようと、尹喜は男に話しかけた。

「李先生。先生のお気持ちはよくわかりました。僕も先生を通してあげたい。でもです……。先生が世を捨て国を出る前に、ひとつだけ、わたしの願いを叶えてはくださいませんか？」

「なんだい、その願いってのは？」

「無理を承知でお願いします。風の噂で聞きました。あなたは人生最大の秘密を知っていると。

『道《タオ》』という、究極の教えを説いていると。なにとぞ、わたしにその教えを書き残していってください」

尹喜が深々と頭を下げる中、伯陽は深く何かを考えるようにゆっくりまぶたを閉じると、「わかった」とだけ言い残してその場を去った。

その数日後、彼は五〇〇〇字余りの言葉で綴られた手紙だけを残して、どこかへと姿を消した。

時を遡ることおよそ二五〇〇年、古代中国は周の国でのお話――

この置き手紙こそが、現在もなお語り継がれる東洋哲学の巨人、老聃《ろうたん》(老子)による『道徳経』全八十一章である。

《 目 次 》

上篇　――「道」の章

第1章　あらゆる分離が、「現実」という名の幻想を生む

道可道非常道。名可名非常名。無名天地之始、有名萬物之母。故常無欲以觀其妙、常有欲以觀其徼。此兩者、同出而異名。同謂之玄。玄之又玄、衆妙之門。

前略　函谷関の尹喜殿

その節はどうも。

あの日、僕を引き止め「世を捨て国を出る前に、タオの教えを残して欲しい」と言ってくれたこと、どうもありがとう。

あのとき君は「無理を承知で」と頭を下げてくれましたね。この話を残すか否か。少し悩みましたが、僕もまた、「無理を承知で」この手紙を君に残すことにしました。

というのもね、君は「タオを知りたい」と僕を引き止めてくれたけど、残念ながらこの話が指して

いるのは、そもそも言葉で説明できるようなものじゃないんだ。

これから僕は、本来言葉では説明不可能な領域を、無理を承知で、言葉にしていくことになる。

だから、これから話すことは、常識の中で理解しようとしてもダメだ。

そして、いま君が期待しているような「幸運を引き寄せる秘密」や「夢を叶える魔法」といった類の話でもないということをあらかじめ知っておいて欲しい。

この手紙を読み進める中で、どこか曖昧模糊とした感覚や、はぐらかされているような感覚を覚えるかもしれない。時には、常軌を逸した内容に、苛立ちが湧いてくるかも知れない。

でもどうか、結論を急がず、深刻にならずに読み進めてもらえたらと思っています。

と、前置きはこれぐらいにして、そろそろ本題に入っていこう。

まず、最初に心にとめておいて欲しいことは、**『タオ』は、「対象」ではない**ということなんだ。

人は何かを求めるとき、その何かを「対象」として探し、獲得しようとする性質《くせ》がある。

『タオ』なり『神』なり『真理』なり、そういった言葉を聞けば、そういう獲得・達成できる何かが、対象として存在しているかのように思え、それを得ようとしてしまうんだ。

でもね、タオは対象になり得ない。知識や教養でもない。

君から「自分」という境界が消えたときに明らかになる、あるがままの存在の本質、そして、それ

を永遠に動かし続けているエネルギー、それが『タオ』なんだ。

……なんて言っても、きっとチンプンカンプンだよね。

どうすればわかりやすく伝わるかな。

あのさ、世の中には、たくさんの「名前」があるよね。

君には「尹喜《いんき》」って名前が付いてるし、君が勤めている関所にも「函谷関」っていう名前がある。人や場所だけじゃない。いつもの道で見かける野良犬だって、「ノラちゃん」なんて呼ばれてみたり、カラダを見れば、「顔」「手」「足」「肩」「心臓」「肺」って、数えだしたらキリがないぐらいたくさんの名前が付いてる。

周りを見渡して、名前の付いていないものを探し出せないぐらい、世の中は「名前」に溢れている。あらゆる名前は、僕たち人間が、「あれはあれ」「これはこれ」と、世界（存在）を切り分けて捉えている確固たる証拠だ。

「そんなの、当たり前じゃないですか」と、君は言うかも知れないね。

そう、常識的には、それが当たり前だ。

でもね、**そうやって人が世界に名を付けることによって、タオは姿を隠し、代わりに「解釈」という幻想が現れる。そしてその幻想を「現実」と認識して生きているのが人間なんだ。**

世間一般に言われる「現実」は、「様々な存在は分かれている」という幻想の中にあるけど、本当の現実《リアリティ》に分離はない。物理的に分かれて見えるからといって、それが「個別な存在だ」と決めつけてしまうのは早とちりだ。

この宇宙の始まりは、人間があれこれに名前をつける遙か昔。この世に、言葉や定義、価値や基準といったものが生まれるずっと前。そこに立ち返ってみるんだ。

仮にいま、地球からすべての人間を除いたとしたら、そこに「国」は実体として存在するだろうか。大空を羽ばたく渡り鳥たちにとっても、人間と同じように「国境」はあるだろうか。

そう、存在しない。「国家」という分離は、人間が「国境」という観念を用いることで成立しているからね。そこに塀や壁があったとしても、「国境」というその境が、境として実在しているわけじゃない。「ここを境にしよう」という、便宜上作り上げられた観念・決めごとがあるだけだ。

人は皆、いつしかその「便宜上」という前提を忘れて、さも、それらが実在しているかのような錯覚の世界にのめり込む。

だから、この世界をさまざまな観念で切り分けている「境（分離）」という観念が消えれば、あらゆる存在はたちどころに「ひとつ」に還る。

人々が当たり前に持つ「自分」という感覚、いわゆる『自我』もひとつの観念であって、先に挙げた「国境」と同じだ。

「周」いう名に惑わされ、「周の国」があるように感じるが、その観念の枠を取り払えば、他国ともひとつ、という存在の現実《リアリティ》が現れる。

「尹喜」いう名に惑わされ、「自分」があるように感じるが、その観念の枠を取り払えば、宇宙とひとつ、という存在の現実《リアリティ》が現れる。

人間によって、名前（言葉や定義、価値や基準）が付けられなければ、存在は、ただ存在であって、そこにはひとつの分離もない。

生まれたての赤ん坊から見た世界を想像してごらん。そこにはまだ、「自分（主体）」も、「自分以外（客体）」もないだろう？「あれ」「これ」「それ」が、分かれてはいないだろう？

「自分」も「対象」もない、「ひとつ」として存在するのなら、そこには与えられるものも、奪われるものもない。何かを得よう、遠ざけようという作為もない。

わかるかい？「自分」と「対象」があるところに、欲望というものが生まれているんだ。

だからこそ、欲望がなければタオの本質を観ることができるけど、常に欲望にまみれた我のある者には、表面的な世界しか見えない。

本質と現実、この二つは、根源的には同じところから出ているんだけど、本質を「あるがまま（妙《みょう》）」、現実を「解釈（徼《きょう》）」と言う。そして、この二つの現実が同時に現れている場を「混沌《カオス》

（玄《げん》）」と言う。

この「混沌」を生み出した、さらに奥深くにある「闇（玄のまた玄）」。そこにすべての存在基盤がある。

存在基盤が「闇」だなんて言われると、ちょっと意外に思うかな？

でもね、考えてごらん。「光」をつけたり消したりすることはあるけど、「闇をつける・消す」ことはないだろう？

常に、闇という舞台の中で、光という性質の波が動き回っているんだ。

タオの本質に触れたいなら、そして、そこを生きるのなら、「自分」という個別の感覚が、ある種の錯覚として生じていることを見抜くんだ。

あるがまま、森羅万象の流れに身を預けてごらん。

「解釈の現実」ではなく、「あるがままの現実」を生きるんだ。

その中で、自ずとタオは明らかになっていく。

現実に疲れたのなら、本当の幸せ、本当の自由、本当の愛が流れる、タオの世界に帰っておいで。

第2章　人の数だけ世界がある

天下皆知美之爲美。斯惡已。皆知善之爲善。斯不善已。

故有無相生、難易相成、長短相形、高下相傾、音聲相和、前後相隨。

是以聖人、處無爲之事、行不言之教。

萬物作焉而不辭、生而不有、爲而不恃、功成而弗居。

夫唯弗居、是以不去。


「あるがままの現実を生きる」とは、どういうことか。

それを理解するためにはまず、慣れ親しんだ「解釈の現実」の構造に気づくことが必要だ。

世間の人々が、美しいものを見て、「美しい」と捉えること。これは僕の世界、「解釈の現実」なんだ。

「え？　ちょっと待ってください。『美しいものを、そのまま美しい』と捉えているのだから、それは『あるがままの現実』じゃないですか？」と、君は言うかもしれない。

でもね、人が何かを指して「美しい」という時、そこにはすでに「醜《みにく》さ」との対比がある。

何かを「美しい」と言えるということは、「美」と「醜」をはかる基準、観念という「物差し」があるからなんだ。同様に、「善」を求めれば、同時に「不善」が現れる。

ものが「ある」と言えるのは、「ない」ということを知っているから。「難しい」と言えるのは「易しい」との比較があるから、「長い」と言えるのは「短い」との比較があるから、「高い」と言えるのは「低い」との比較があるから。

何かを見るとき、単純に「眼」の機能だけで考えるなら、それは単に「光の刺激・色の広がり」を捉えているだけに過ぎない。

その刺激が記憶と組み合わさって、はじめて「アレはアレ」「コレはコレ」という識別になる。

続いて、その識別に様々な関連づけが行われ、「アレは美しい」「コレは醜い」といった解釈になっていく。

このように、「解釈」は、何かと何かを識別し、それらを比較したときに現れる。

一瞬のうちに行われる「自動連想ゲーム」の結果だ。

もちろん、識別自体に問題があるワケじゃない。

識別したものを比較し、その一方だけに価値をおいたり、選び取ろうとしてしまうところに、「満たされなさ」が生まれてしまうんだよ。

そして、もうひとつ大事なポイントは、この**「解釈を生み出す物差し（優劣を決める基準）」が、人それぞれ違っている**ということなんだ。

だから、「あるがままの現実」はひとつでも、「解釈の現実」は人の数だけ存在する。

ちょっと乱暴な言い方になってしまうけど、解釈で捉えた世界は、ある種、「個人的な決めつけ」や「思い込み」に過ぎないんだ。その思い込みに縛られるほど、人生は窮屈で深刻なものになってしまう。

誰かのことを「いやなヤツだ」と決めつけてしまえば、その解釈が頑なほど、その人にある良さを見つけだすことは困難になるよね？

君にとっては、二度と顔を合わせたくないと感じる相手も、他の誰かから見たら、ずっと一緒にいたい大好きな人かもしれない。

対人関係だけじゃないよ。人は、自分自身に対しても物差しを当てて、「～であるべき」「～でなければならない」などと、日々決めつけを繰り返して人生を窮屈なものにしてしまっているんだ。

「自分はこういう人間だから」と決めつけて、行動や選択に制限をかけてしまったり、自覚する短所を拒絶してしまうのも考え物だ。自分で「ここは自分の悪いところ」と決めつけたその短所も、見方を変えたら長所にだってなり得るんだからね。抱えているコンプレックスだって、他者には魅力として映ることもある。

音楽は、様々な音階があるからこそ音楽になる。「ド」と「レ」と「ミ」は、それぞれに異なる表情をもっているけど、その中のどれが優れていて、どれかが劣っている、なんてことは思わないだろう?

もしも、楽器の音階それぞれに人間のような個別意識があって、個性の優劣を主張していたらどうなるだろう? 「やっぱり『レ』が一番キレイだよな!」「何を言ってるんだ、君には『ソ』のすばらしさがわからないのか?」とかやってたらどう思う?

「では、賛成多数で『ファ』に最も価値があるという決議が下されました。皆、今後は『ファ』を師として仰ぎ、崇め、人生の手本としてまいりましょう!」なんて規律が生まれて、他の音階がこぞって「ファ」になろうとチューニングを合わせていたら、曲が成立しなくなってしまう。それどころか、ある者の弦は弛み、ある者の弦は切れ、それぞれが本来の表情を失ってしまうだろう。

それと同じように、世にも人にも、さまざまな音階があっていいじゃないか。

「前《まえ》」と「後《うしろ》」も、互いがあってはじめて存在できる。どちらか一方だけを残すなんてできないよね。

そういう、「現実とは、こういうものだ」という解釈(ものの見方)が消えたときに現れるのが、「あるがままの現実」なんだ。

《言葉は、現実の一側面しか表せない。解釈は、現実の一側面しか捉えられていない》

そのことに気づいた人は、ものの「区別」が、すべて便宜上であるということに気づいていく。様々な思い込みから解放されて、最後には、「自分」を規定する枠すらも消えた、無我になる。

タオを生きる人は、「自分」という境界が消え、存在が全体に溶け込んでいるから、「私が事を成している」という感覚もない。だからこそ、彼らは常に「何をするか」という行動指針ではなく、「どうあるか」という、存在そのものを説いていくんだ。

「私が事を成している」という感覚がないから、何かを生産しても、それは「自分のため」にしていることではないし、恵み与えても、それは見返りを期待したものじゃない。

「わたし」も「あなた」も超えているから、利己とも利他とも言えない。

なにかを成し遂げたとしても、その功績に甘んじることなく、また流れに身を預けてスッとその場を離れる余裕があるからこそ、逆に皆から「サヨナラなんて言わないで！」なんて、引き留められちゃったりするんだな。

第3章　価値があるから、欲が出る

不尚賢、使民不爭。不貴難得之貨、使民不爲盜。不見可欲、使民心不亂。

是以聖人治、虛其心、實其腹、弱其志、強其骨。

常使民無知無欲、使夫知者不敢爲也。爲無爲則無不治。


世界をアレとコレとに分けて捉える「解釈の世界」には、常に軋轢《あつれき》や競争心がつきまとう。

それは、切り分けた事物の対象それぞれに、固有の価値を与えてしまうからなんだ。それぞれに異なった価値があるから、そこに「優劣」が生まれる。

優れたものと、劣ったものがあるのなら、より優れたものを選びたくなるのが人情だよね。

だから、世間が頭のいい人ばかりをありがたがれば、やれ資格だ学歴だと、必死に競争しあう世の中になってしまう。誰よりも秀でた何かを持った自分になろうとあくせくしてしまったり、自分と誰かを比べて「私には何の価値もない」と、自己嫌悪に陥ってしまうこともある。

だからね、そもそもの「賢い者ばかりをありがたがる」という物差しがなければ、人は「競う」という世界から自由になれるんだ。

同じように、皆が皆、希少価値を重んずるから、それらを奪い合い、しまいには、「泥棒だ！　強盗だ！」という騒ぎになる。

世の中が、「あいつが偉い」「これは素晴らしい」と、やたらに煽《あお》り立てるほど、余計に心がかき乱されるけど、**本来は「事物そのもの」に価値が内在されているワケじゃない。人間がその対象に、概念的な価値を後付けしているだけなんだ。**

「欲が出る」ということは、その対象にそれだけの「価値」を与えているからだよ。

だからもし、あるがままを生きる「妙の国」があったなら、そこの国王は、あらゆるものの価値や優劣を剥ぐだろうね。

民の心をからっぽにすることで、みんなの腹を満たしてやり、競争心を弱めることで、丈夫な骨を作るのさ。価値に振り回されない社会なら、「よりよい人生」を求めて暗中模索することもないし、欲に駆られることもない。

もしも、「王様！　さらに国益を向上する新しいプランができました！」なんて野心家が現れたなら、「ほほう。ところで、その益を得る『国』とは、いったいどこにその実体があるんだい？」なんて言って、あえてご退陣願うのさ。

がむしゃらに自己実現を目指さなくても、あるがままの流れに任せていれば、人は自然と適材適所に収まるんだけどなぁ。

ま、とかく勝ち組になろうと躍起になっている今の世の中とは、まるっきり真逆の話だね。

第4章　空間（からっぽ）に、愛と命が満ちている

道、冲而用之或不盈。淵乎似萬物之宗。

挫其鋭、解其紛、和其光、同其塵。湛兮似常存。

吾不知誰之子。象帝之先。


タオは、無限に広がるからっぽの空間。淵のように深い、万物の存在基盤だ。

「からっぽ」の空間だから、見ることも触れることも出来ないけど、その空間こそが「無限の愛」なのさ。

なぜ「からっぽ」が愛なのかって？

だって、「空間」は、ありとあらゆる存在をそのまま抱き続けてくれるじゃないか！

「あの子は入っていいけど、君は悪い子だから入っちゃダメ」なんて、「空間」に拒絶されたことはないだろう？

「あれ？　この空間、入れないぞ!?」ってなってるのは、パーティのドレスコードに引っかかった人

か、パントマイマーぐらいのもんさ（笑）。

善人だろうと悪人だろうと、分け隔てなく無条件に受容してくれる。

一切の取引を要求しない。それが「愛」ってもんだろう？

だったら、「空間（からっぽ）」は、まさに愛そのものだ。

そして広大無辺に広がる空間の中に、永遠に流れ続ける命が広がっている。

だからタオは、命や愛という水を湛々とたたえた泉みたいなもんさ。

タオは命と愛のエネルギーに満ちた場だから、心のトゲを丸くし、もつれを解き、強すぎる光も和らげてくれる。舞い上がった塵が静かに降りていくように、喧騒《けんそう》を鎮めてくれる。

え？　タオが、いつどこで生まれたのかって？

そんなの僕は知らないけど、そりゃ、ビッグバンより前でしょうよ。

第5章　生と死の向こうに

天地不仁、以萬物爲芻狗。聖人不仁、以百姓爲芻狗。
天地之間、其猶橐籥乎。虚而不屈、動而愈出。多言數窮。不如守中。

いくら「タオは愛そのものだ」と言っても、君も知る通り、「解釈の世界」に愛はない。すっかり忘れ去られている。

度重なる天変地異を見てみれば一目瞭然。自然の摂理は、人に優しいとは言い難いよね。ひとたび台風や洪水が村を襲えば、収穫を目前に控えた作物どころか、家ごと人の命まで持って行ってしまう。どれだけ医療が発展しても、患者は一向に減る気配がない。どんなに備えても繰り返し襲ってくる様々な災害に、人間は太刀打ちできずに頭を抱えるばかりだ。

自然は万物を、わらで作った飾り犬（※当時厄払いの儀式に使われたもの。祭礼の後に捨てられる）のように、ぞんざいに扱う。

どんな名医や聖者でも、人を不老不死にすることは出来ない。どんなに愛した相手でも、最期は、死んでいくのをただ涙ながらに見送るしかないだろう？

人間の視点から世界を見れば、この世は「死生」という残酷なスクラップ・アンド・ビルドが延々と繰り返される世界のように見える。

でもね、そう見える「解釈の世界」の向こうにある、「あるがままの世界」では、命は一度も絶えることなく、脈々と生き続けているんだ。

「解釈の世界」に生きる人は、物事を分離して捉えているからこそ、「人の内に命がある」と言う。人に限らず、生物の個体それぞれに、個別の命が宿っていると思っている。

「あるがままの世界」に生きる人は、存在すべてのつながりを捉えているからこそ、「命の内に人がある」ことを知っている。

個別の命があるのではなく、無限に広がるたったひとつの「命」という空間の中に、すべての存在の躍動があるんだ。だから、そこに見えるのは、「個々の死生の繰り返し」ではなく、「絶え間ない宇宙の呼吸（全体における躍動）」。そこには、奪われる命も、与えられる命もない。

ね、常軌を逸した話だろう？

だからもし、「あるがままの世界」に気づいたとしても、あまりしゃべらない方がいいかもね。

「解釈の世界」には、「解釈の世界」なりの真実や秩序がある。それはそれとして認めながら、「あるがまま」については、そっと胸の中に留めておくのがいいと思うよ。

第6章 「妙」は、始まりのない世界

谷神不死。是謂玄牝。玄牝之門。是謂天地根。綿綿若存、用之不勤。

常軌を逸した話ついでに、こんな質問をしてみよう。

尹喜くん。君は、いつ生まれたのかな？

いやいや、誕生日を聞いているんじゃないよ。君が「生まれた」と思っているのなら、その命が、いつどこで生まれたのかを尋ねているんだ。

考えたこともない？　じゃ、これから考えてみよう。

君がお母さんのお腹から出てくるときに、命が与えられたんだろうか？

そうじゃないよね。お母さんのお腹にいるときから、胎児はすでに命だもんね。受精卵も、すでに生きているし、受精以前の精子や卵子もまた、すでに生きている。

あれあれ？　それじゃあ、何が、いつ生まれたって言うんだ？

「個別の命」があるのなら、それはいつ、どこで生まれたんだ？

そうなんだ。驚くべき事に、僕たちは、この身体が形を成す前から、ずっと命なんだ。

遡っても遡っても、「命の始まり」を見つけることができない。**「自分の命」と言える起点が見つからないんだ！**


僕たちが普段「死」を恐れるのは、「自分（個別）の命」の消失をイメージするからだよね。

でもさ、「始まってもいないものが終わる」とか「現れていないものが消える」なんてことがあると思う？

そういうワケで、僕たちが当たり前に「生まれた」とか「死んだ」と言っているのは、やっぱり「個人」という感覚を土台にして作られた「解釈（思い込み）」ってことなんだ。

命は、形あるものに宿るのではなく、形なき空間に満ちている。形ではなく空間だから、分かれることも、始まることも、終わることもなく、延々とあり続けている。

それこそが、あらゆる存在の本来の姿なんだ。

第7章　時を超えて生きる

天長地久。天地所以能長且久者、以其不自生。故能長生。

是以聖人、後其身而身先、外其身而身存。非以其無私邪。故能成其私。


君の見ている世界から、あらゆる解釈が消えると、そこに広がるのは、「あるがままの世界」だ。

先に記した通り、そこには「始まり」も「終わり」もない。それはつまり、時を超えた、永遠の世界ということさ。

「永遠」っていうのは、「気が遠くなるほど長い時間」の事じゃない。「時間（過去と未来）が存在しない」ってことなんだ。

そう。じつは「時間」もまた、実在ではなく幻想、人による「解釈（思い込み）」なんだよ。

とてもじゃないけど、思い込みだなんて思えない？

でも、現に君も、「いま」以外に存在できたことはないだろう？

もちろん、過去を思い出すことも、未来を思い描くこともできるけど、それができているのは、やっぱり「いま」だ。

「過去」があるのではない。「記憶」や「記録」が、いま、あるんだ。

「未来」があるのではない。「希望」や「予測」が、いま、あるんだ。

「イメージ」も含め、あらゆる存在はすべて、「いま」の中にしか実在できない。

過去から未来への時の流れは、「解釈の現実」にしかない。「あるがままの現実」にあるのは、時を超えた「永遠のいま」だけだ。

天地が永遠でいられるのは、「自分のために生きよう」とする、時間の観念に縛られた「自分」が存在しないからこそ。

それを知るタオの人は、生き急ぐことがない。だから「自分のこと」は全部、後回しなんだ。

その身は「解釈の現実」に置きながらも、同時に「あるがままの現実（解釈の外）」を生きるようになる。

人として生を全《まっと》うするのではなく、生として人を全うするそこに、自然と「自分のこと」が成されていくんだ。

第8章 「利己」でも「利他」でもない生き方

上善若水。水善利萬物而不爭、處衆人之所惡。故幾於道。

居善地、心善淵、與善仁、言善信、正善治、事善能、動善時。

夫唯不爭、故無尤。


尹喜くんはお役人さんだから、やっぱり出世欲とかあるのかな？

「いずれは人の上に立って、この国をもっと良くしていくんだ！」っていうような熱い志があるかもしれないね。そういう、みんなを思う優しい気持ちは、いつまでも大切にしてください。

ただ、「利他」の精神が行動に移る時、そこにはやっぱり「自分の物差し」を通した損得勘定が現れてしまう。それは時に「自分にとっての善」の押し付けにもなってしまうんだ。

「みんなの為に」というその思いもまた、君の解釈を通して出ていることを忘れないで欲しい。

本当は、世の争いに「悪」はない。すべては「善」と「善」のぶつかり合いなんだ。

自分のために生きても、他者《ひと》のために生きても、どこか歪みが起きてしまうのが「解釈の世界」。

だから、「利己」でも「利他」でもない生き方、そう、水のように生きるのが一番さ。

「流れに身をまかせるだなんて、そんなのはゴメンだ！　俺はもっと、自分の意思で上を目指す！」とか言って、上流を目指す川の流れを見たことがあるかい？

水は万物に恵みを与えて養うけど、「俺が与えてやったんだぜ」なんておごり高ぶることもないし、「俺の方が、奴よりもっと与えられる」なんて地位を争うこともない。それでいて、みんなが嫌う低い所にいる。常に、流れに任せて作為がなく、形であって、形でない。

だから水は、タオにとっても良く似ている。

概念で塗り固められた世界を超え、タオに添って生きれば、人生はとてもシンプルなものになる。暮らしは地に落ち着いた謙虚なものになり、心は深い淵のような静寂さとともにあり、人には優しく、言葉に偽りはなくなる。

「解釈の現実」に身を置きながら「あるがままの世界」を生きるなら、やるべきことは自分の信念を貫き通し、自分の善に沿う社会を作りあげることでも、完璧なマニュアルや規律を築きあげることでもない。それらに従うことでもない。まずは、自己に根付いた思い込み（深刻さや混乱）を鎮めることを第一として、仕事は無理することなく、喜んでこなせる職に就き、未来志向の計画に目を奪われることなく、ここぞというタイミングを逃さずに行動する柔軟さを大切にすること。

自らの善を押しつけず争わなければ、咎《とが》められることもない。

第9章　変化を受け入れ、「いま」を生きる

持而盈之、不如其已。揣而鋭之、不可長保。金玉滿堂、莫之能守。富貴而驕、自遺其咎。功遂身退、天之道。


森羅万象の摂理は、常に動き続けることにあるよね。

片時も休まず変化し続けているのがこの世界なのに、解釈の世界に生きる人の心はそれに抗《あらが》おうとしてしまう。

「個人」という自覚を持ち、命を「有限」と捉えているがゆえに、何かを「維持」することに重きをおいてしまうんだ。

物、感情、思い出、人格、習慣、信念。過去に経験・獲得した様々な「カタチ」を失うまいと、必死に「不変なるもの」に留めようとしてしまう。

それはまるで、杯《さかずき》に酒をいっぱいに満たしたまま、それを溢すまいと、いつまでも保ち続けるような馬鹿馬鹿しさだ。

どれほど鍛えて鋭くした刃物だって、いつまでも切れ味がいいままではないだろう？

お堂を金銀財宝でいっぱいにしたところで、いつまでも守りきれはしないさ。生活水準が増すごとに、今度はそれを失うことへの恐れを抱えることになる。

富や名誉、実現や達成に浮かれて高慢になっていれば、いずれ自ら災いを招く。

「いま」という唯一実在するこの世界の中に、過ぎ去った流れを固定し、引き留める術《すべ》はない。

流れは、常に新しいものへと変化している。無理に流れを堰《せ》き止めても、淀みにしかならない。

何かを成し遂げたとしても、それは既に「過去」、文字通り「過ぎ去ったもの」だ。

その成果を我がものとして、いつまでも抱えていたくなる気持ちはわかるけど、それがまた次なる苦悩の種になってしまう。


「普遍なるもの」の中に「不変なるもの」は存在しない。


何かをそのままのカタチで留めようと執着すれば、そこに苦しみが生まれてしまう。

来るもの拒まず、去るもの追わず。あらゆる変化に抗うことなく、流れのままに「いま」を生きるんだ。

第10章　聖なる知らんぷり

載營魄抱一、能無離乎。專氣致柔、能嬰兒乎。滌除玄覽、能無疵乎。愛民治國、能無爲乎。天門開闔、能爲雌乎。明白四達、能無知乎。生之畜之。生而不有、爲而不恃、長而不宰。是謂玄徳。

たとえ「あるがままの世界」に気づいたとしても、この社会の中で作為なく「あるがまま」を生きるというのは、なかなかに難しい。

というのも、「社会」のほとんどは、さまざまな『取引』によって成り立っているからね。

無知無欲にして純真無垢な赤ん坊のように、心身のしなやかさを保ち、過去や未来に縛られることなく、いきいきと「いま」にあることができるだろうか。

「〜すべき」「〜ねばならない」などといった心の鏡についた汚れを拭い、固定観念に縛られずにいられるだろうか。

皆を愛し、国を治めてもなお誰にも知られることなく、母が子を産み育てるように、利害打算を持たずにいられるだろうか。

物事が明らかにわかりながらも、余計な手出しをせずにいられるだろうか。


タオを生きる人は、誰かを救おうだとか、改心させようだとか、成長させようなどといった、何かをコントロールしようとする作為がない。

「世はこうあるべき」というイデオロギーを押しつけることもなければ、「自分はこうでなくてはならない」というセルフイメージに縛られることもない。

世の「うつろい」そのものを受け入れ見守る、愛の中に生きる。

タオは、万物を生み出し繁殖させるが、それらが成長しても、決して我がものとはしない。万物の創造主でありながら、支配者を気取らない。

「（意図を持って）働く」のではなく、「（摂理の）働き」とともにある。

これこそが、タオを生きる人の奥深き「徳」なんだ。

第11章　万物は、空間によって活かされる

三十輻共一轂。當其無有車之用。挻埴以爲器。當其無有器之用。
鑿戸牖以爲室。當其無有室之用。故有之以爲利、無之以爲用。

馬車の車輪は、三〇本のスポークが車軸から出て輪になっている。中央の車軸を通す穴、「空間」があるからこそ、車輪は車輪として働くことができる。

粘土をこねて器を作るとしよう。器の中に「からっぽ」の空間があるからこそ、そこに物を入れるという役割が生まれる。

家を建てる様子を思い出してみよう。壁に戸や窓の穴を開け、その奥に空間を作る。そこに「からっぽ」の空間があるからこそ、部屋としての用途が生まれる。

そこが物で溢れていたら、部屋として使い物にならない。

人は、形有るものばかりに囚われがちになるけど、**すべての「形有るもの」が役に立つのは、「形無き空間」が、それを支えているから**なんだ。

そもそも「空間」のないところには、何も存在することができない。

君の心も、部屋と同じようなものなんだ。

心の中が「自分の解釈」でパンパンになっていたら、他者の気持ちなど入りようがない。

やれ知識だ教養だといって積み上げてきた、その「知っている」というお荷物によって、ますます心は狭くなり、他を受け入れる許容性を失ってしまう。

心をからっぽにすることで、そこに「ゆとり」や「受容（愛）」という、僕たちに本来備わっている働きが活かされてくるんだ。

だから、この手紙に記されていることもまた「知っている」というお荷物にしちゃいけないよ。

第12章　むさぼるほどに、満たされない

五色令人目盲。五音令人耳聾。五味令人口爽。馳騁田獵、令人心發狂。難得之貨、令人行妨。是以聖人、爲腹不爲目。故去彼取此。

満たされない気持ちが大きいほど欲望は膨れて、あれもこれもと求めてしまうけど、むさぼればむさぼるほどに、満たされなさが募ってしまうんだ。

言ってみれば、人は皆「刺激依存症」みたいなものさ。次から次へと、新しい刺激を求め続けている。

華やかさを求め、強烈な五色の閃光を一度に目にすれば、目が眩らむ。

すべてを聞き取ろうとして、一度に五つの音（声）を聞こうとしても、何も聞き取れやしない。

味わい尽くそうとして、甘さと辛さと酸っぱさと塩からさと苦さをいっぺんに口にしても、かえって味わえない。

ギャンブルや狩猟遊びは人の心を発狂させるし、希少な宝は人の行いを邪《よこしま》にしてしまう。

それでも世間は、すっかり刺激ジャンキーの巣窟。アレが欲しいコレが欲しいと、さらなる刺激を求めてエスカレートしていく一方だ。

なんだって、たくさん得ればいいってもんじゃない。

薬物中毒と同じだよ。人はすぐに「慣れて」しまう。一度手にした刺激によって、今度はもっと強い刺激に出会わなければ、満たされなくなってしまう。

以前は幸せと思えた刺激も、耐性が付いてしまうことによって「当たり前」に姿を変える。そうやってまた「満たされない」という刺激の禁断症状に苦しむのさ。

それに、えり好みして理想に気を取られていると、それを叶えてくれそうなものばかりに意識が向き、視野が狭まってしまう。

そして、日常に溢れる些細なもの、ありふれたものの中にある素晴らしさを見落としてしまうんだ。

案外「ばかばかしい」とか「無駄だ」とか「そんなものに、何の意味があるんだ」と切り捨ててしまっているものの中に、幸せが隠れていたりするもんなんだよ。

だから、タオを生きる人は、内なるものを大切にして、目に見えるカタチに囚われない。刺激を求めず、あるがままを生きるのさ。

第13章　他人の目を気にする愚かしさ

寵辱若驚。貴大患若身。何謂寵辱若驚。寵爲下。得之若驚、失之若驚。是謂寵辱若驚。何謂貴大患若身。吾所以有大患者、爲吾有身。及吾無身、吾有何患。

故貴以身爲天下、若可寄天下。愛以身爲天下、若可託天下。

賞賛と非難に一喜一憂し、人の目を気にしながら生きる世間の姿には驚くばかりだ。

どうすれば褒められるか、どうすれば非難を浴びずにすむか。そんなことばかりに注力して、日々ストレスを抱えてしまうのは、**取引の世界に埋没してしまっているからだ。社会的な人格こそが「自分」だと、強く思い込んでしまったからだ。**

でも、そんな自分はあくまで「自己イメージ」であって、本当の姿じゃない。

自分に向けられた反応・評価を人生の指針にしてしまうと、途端に「認めてもらえない部分を抱えた自分」と「承認欲求」が現れて、自分を矯正するようになっていく。

ありのままの自分を否定して、「周囲の期待に応える自分」を装ってしまうんだ。

もちろんそのことがポジティブに働くことはある。でも同時に、それが人生における自然な流れや、自分が本当にしたいことを妨げる「制約」にもなってしまうんだ。ありのままの自分と、理想の自分との乖離《かいり》が激しいほど、不自由さや、やるせなさが募ってしまう。

つまり、人は理想という「自分ではないもの」になろうとすることによって、自ら苦悩の中に身を投じているってことさ。

そんな「着飾った自分」にこだわらなければ、人にどう思われようが関係ない。

皆から羨望の眼差しを向けられている誰かを思い出してごらん。そういう人は大抵、周りの声に縛られることなく、本来の自分をありのままにさらけ出し、素直に、そして自由に生きている。装うことのない「ありのままの自分」で生きているからこそ、キラキラ輝いているんだ。

それにね、仮に君が他人の目を気にしながら「周囲の期待に応える自分」を生きたとしても、それでも「あーだこーだ」と批評してくる輩はいるものだよ。

君が装っていようと、ありのままでいようと、**他者は「君」を見ているんじゃない。その人の目を通した「解釈に浮かぶ君」を見て、あれこれ言ってるだけ**なのさ。

だから、「周囲の期待に応えること」に躍起になってる連中よりも、ありのままの自分を大切にし、一切の取引を要求しない、そんな愛の深い人にこそ、天下を預けたいよね。

第14章　捉えられぬ実在《リアル》

視之不見、名曰夷。聽之不聞、名曰希。搏之不得、名曰微。

此三者、不可致詰。故混而爲一。其上不皦、其下不昧。

縄縄不可名、復歸於無物。是謂無狀之狀、無物之象。是爲忽恍。

迎之不見首、隨之不見其後。執古之道、以御今之有、以知古始。

是謂道紀。


結局のところ、タオは捉えようがない。

「ああ！　やっとわかりました、タオとは、こういうことですね！」となったのなら、それもやはり、『こういうこと』という新しい解釈が生まれたにすぎないからね。

実在《リアリティ》は、分裂していない全体性にある。そこでは、「捉えるもの（主体）」と「捉えられるもの（客体）」という前提が成り立たない。

目を凝らしても見えないし、耳を澄ましても聞こえないし、掴まえようにも得られない。

その全貌は、「上の方が明るくて、下に行くほど暗い」ってものでもないし、そもそも上も下もあったもんじゃない。もし君が地球を離れ、無重力空間の中に漂っていたとしたら、どこが上でどこが下だい？

だだっ広くて名付けようもない。あらゆるものが、分離の世界を越えた「無分別」な領域へと戻っていく。

この姿なき無限の空間に広がり続ける事象そのものを、『惚恍《こつこう》（ぼんやりとして定まることがない）』という。迎えてもその頭は見えないし、後ろについて尻が見えるわけでもない。

「これ！」となる、分離・認識以前の世界を指しているのだから、把握することなんて出来やしない。

だけど、解釈によって作り出された幻想は、解釈が解体されれば消えるのさ。

過去の記憶と経験の集積によって作り出されている「解釈」よりも、目の前にある「あるがままの今」に立ち返ることによってはじめて、「解釈」に気づき、それを治めることができるようになる。

それと同時に、その解釈の成り立ちを知ることができるんだ。

解釈に振り回される人生が終わりを告げ、解釈を活かす人生が始まる。

そうだ、これを『タオの法則』とでも言っちゃおうか。

第15章　混乱の時ほど、くつろぎを

古之善爲士者、微妙玄通、深不可識。夫唯不可識、故強爲之容。

豫兮若冬渉川。猶兮若畏四隣。儼兮其若客。渙兮若冰之將釋。

敦兮其若樸。曠兮其若谷。混兮其若濁。孰能濁以靜之徐清。

孰能安以動之徐生。保此道者、不欲盈。夫唯不盈、故能蔽不新成。


太古の昔から、タオを生きる人は趣深く、計り知れない智慧に溶け込んでいる。

でも、ひかえめで目立たないから、あまりそうは見えないかもね。

その佇まいは、世に根付いていている聖者像とかけ離れているし、心の奥深さは描写のしようもないから、あえて表面的に見える姿を一例として記してみよう。

まず、理解しがたいほど慎重に見える。その慎重さは、冬に川を渡る人のようであり、その注意深さは時に、周囲から降りかかる危険に警戒しているようにも見えるだろうね。

誰かの家を訪ねた客人のように、きりりと身を引き締め、礼儀をわきまえているよう。それでいて、人当たりは、春の陽気で氷が溶けていくかのごとく和やかだ。

飾り気のない純朴さは、山から伐りだしたばかりの製材前の白木のようだし、何事にも囚われない心の広さは、大きな谷を思わせる。世の混乱という泥水もあるがままに受け止めて、なお余計な手出しはせず、じっと、泥が沈んで水が澄んでいくのを見守っている。

人は混乱の時ほど、あれやこれやと騒ぎ立てるが、泥の中で動き回れば、濁りは濁りのまま、一向に澄むことがない。

それと同じように、**どんな騒ぎも、騒がないことでしか治まらないのさ。**

だから、混乱の時こそ、落ち着きやくつろぎ、無為《むい》（故意にコントロールしようとしないこと）が大切になる。

だけど、勘違いしちゃいけないよ。「無為」は、単に「なにもするな」「行動するな」ということじゃない。**故意に行動を制限しているのなら、それもまた「作為」だ。**

静かにくつろぎながらも、森羅万象とともに流れ続け、そこに本来の「澄んだ命」を呼び覚ますんだ。

タオを生きる人の慎重さや緩やかさは、そこに基づく。

だから、彼らは決して自己満足に走らない。故意に動き回ることが、余計に混乱を継続させてしまうことを知っているからだ。

「満たしたい」という欲求は、「自分」という器があると思っているところから生まれる。

でも、あらゆる存在の本質は「からっぽ」だから、いくら取り入れても満たされようがない。人が何を得ても、どこかに満たされなさを感じてしまうのは、ものの道理だ。

タオを生きる人には、「自分」という器がない。だからこそ、「満たされなさ」と無縁なんだよ。

第16章 静寂に還れば、幻想に惑わされない

致虚極、守靜篤。萬物並作、吾以觀其復。夫物芸芸、各復歸其根。
歸根曰靜。是謂復命。復命曰常。知常曰明。不知常、妄作凶。知常容。
容乃公。公乃王。王乃天。天乃道。道乃久。没身不殆。

自分の意志において、心をからっぽにすることはできるだろうか。

そう、これはなかなか難しい。

そこに「心をからっぽにしよう」という作為があれば、まさにその「しよう」という思いがあることで、「からっぽ」じゃなくなるんだからね。

だから、まずは「空《から》にしよう」などとは考えず、ただ、頭の中で繰り広げられている独り言、「思考」に意識を向けて、観察してみるところからはじめよう。

普段はその「独り言」が当たり前に流れているから見過ごされてるけど、あらためて意識を向けるだけでも、いかに思考が落ち着きなく動き続けているかに気づけると思うよ。

刺激中毒になっているからこそ、人は、ただ「じっとしている」という事が苦手なんだ。

たとえ身体を動かさずじっと座っていたとしても、頭は常に動きたがる。頭に浮かんだひとつの思考が、あれやこれやと際限なく連鎖していき、雪だるま式に膨らんでいく。

もし、思考のすべてが、僕たちの意志によって語られている独り言なら、自分が黙れば止《や》むだろう。

でも、実際はそうじゃない。日々の思考は、僕たちの意志とは無関係に、どこからともなくやってきて、浮かんでは消えていく、そういうものなんだ。

なのに人は、浮かびあがったひとつの思考を捕まえて、「これは自分の思考だ」と保有してしまう。

そしてその思考に、評価や批判をしてみたり、別な記憶と結びつけてみたりと、さらに深追いすることで、途切れることのない連想ゲームのループに嵌《はま》ってしまうんだ。

どんなに強く鐘を打ち鳴らしても、その音の波は自然と静寂の中へと還っていくよね。思考や感情もそれと同じで、考え続けなければ、自然と静寂の中へと消えていくのさ。

それでもなお、新たな思考は次々とやってくるけど、静かに観察していく中で、「浮かんでは消えて」という、思考と思考の合間に、わずかな「空白《スペース》」を見つけることができるだろう。

この空白にある「静寂」こそが、あらゆる存在の基盤なんだ。すべてはそこに現れ、そこに還っていく。


静寂は作り出せない。静寂という基盤に、喧騒があるだけだ。

平和は作り出せない。平和という基盤に、争いがあるだけだ。至福は作り出せない。至福という基盤に、不幸があるだけだ。

静寂も、平和も、至福も、全部、「元からある存在の本質」なんだ。

ただ、絶え間なく続く喧騒や争いや不幸に、覆い隠されているだけ。

僕たちは元々、静寂や平和、至福といった基盤に立っているのに、世の人々は、いまさら何を得ようというのだろう!? 何を作り出そうとしているんだろう!?

この「静寂」という存在基盤に戻ること、根源としての命に還ることを「平常」という。

「平常」であって、はじめて人は「明晰」になる。

「平常」を知らなければ、静寂や平和や至福をみだりに「得よう」「作ろう」としてしまい、結果、凶を招く。

「平常」であることで、何が起きても、「あるがまま」を受け入れられるようになるんだ。

すべてを受け入れられるのは、「個人」じゃない。「個人」というフィルター、その分離意識が消えた状態において、はじめて可能になることであり、それこそが「タオを生きる」ということだ。

どんな喧騒も、「静寂」を基盤として存在している事実を知れば、生涯、何があっても大丈夫だ。

第17章　指導者は、黒衣《くろこ》がいいね

大上下知有之。其次親之譽之。其次畏之。其次侮之。

信不足焉、有不信焉。悠兮其貴言。功成事遂、百姓皆謂我自然。


もっとも善い指導者は、「ああ、そういえば、そんな人もいたね」と、存在を知られているだけ。

その次に善い指導者は、「あの人は素晴らしい人だよ！」と、みんなに親しまれて、誉められる。

そのまた次の指導者は、「あの人キレると大変だから、言うこと聞いた方がいいよ」って、みんなに恐れられる。

最悪の指導者は、「あんなヤツの言うことなんて、誰が聞くかい」って、陰口を叩かれる。

指導者に誠実さがなければ、誰からも信用されない。

でも、なんでもかんでも「やってあげる」のが善い指導者かと言えば、それも違う。

子供の宿題を見守る親の立場になってみよう。

いくら「お父さんありがとう！」と感謝されるとしても、すべての問題を肩代わりして解いてしまっては意味がないし、「こらっ！　遊んでばかりいないで、はやく宿題しちゃいなさい！」と、頭ごなしに叱りつけるのも考えものだろう？

一番いいのは、エールも助言も最小限に差し控えて、その人自身がやり遂げるのを悠々と見守ることさ。得てして、余計な手出しは相手を下に見た傲慢《ごうまん》な行為でしかない。

「お父さんの手助けのお陰でできました」ではなく、「ちゃんと自分でできたもんね！」となってこそ、真の指導者。

どんなに誰かの手助けができるとしても、度が過ぎればそこに依存が生まれる。

それでは、その人が本来発揮できるはずの創造性や可能性を奪ってしまうじゃないか。

社会のため、誰かのために何かができると思っても、しゃしゃり出ることなく、黒衣に徹するぐらいがちょうどいいんだ。

第18章　愛を見失い、情に走る

大道廢、有仁義。智恵出、有大僞。六親不和、有孝慈。國家昏亂、有忠臣。


タオを見失うのは、愛を見失うのに等しい。

人は、本当の愛がなんであるかをすっかり見失ってしまったがために、その穴埋めとして、情や義理を求め出すようになったんだ。

「わたし」と「あなた」の間にある心の壁が消え、すべてをあるがままに受容して、ひとつとなるところに、本当の「愛」が流れる。

対して、「わたしはわたし」「あなたはあなた」という心の壁を持ちつつ、互いの関係に現れる心の動きは、「情」や「義理」でしかない。もちろん情や義理にも優しさや好意はあるけど、そこにはある種の「取引」や「条件」がつきまとう。

夫婦間なら「わたしはあなたを愛するのだから、あなたもそれに見合うだけの愛を私に向けて」とか、親子間なら「いい子にしていれば、優しくしてあげる」なんてね。

「解釈の世界」では、一定の条件を満たしていなければ、相手や状況をそのまま受け入れられない。ありのままの相手では受け入れられず、自分が受け入れられる状態に「変わって欲しい」と願うから、そこに、相手を自分好みにコントロールしようとする作為が生まれる。

また、相手に気に入られようとするがゆえに、ありのままの自分を認めず、相手の求める条件に沿う自分に矯正しようとしてしまう。

そうやって、「わたし」という自意識が強くなり、取引の世界に埋もれるほど、人は本当の愛から離れてしまうんだ。

タオを見失うのは、明晰さを見失うのに等しい。

明晰さを見失ってしまったがために、その代わりに小賢《こざか》しい知恵が出てきて、やたらとお仕着せがましいルールが作られる。

やれ「あれをしろ」「これはするな」と様々なマニュアルが世に蔓延《はびこ》り、それらに依存して、ますます人は、型にはまった人生に縛られたり、まことしやかな情報に騙《だま》されだす。

家庭内にいざこざが起きれば、「親孝行をしろ」「目上は敬《うやま》え」とやかましく語られ出し、国の秩序が乱れれば、国民の模範となるべき者が求められ出す。

だけど、みんなが本当に求めているのは「愛」だろう？

本当に望んでいるのは、「礼儀」でも「正しさ」でも「ルール」でもないじゃないか。

第19章　理想が「いま」を拒絶する

絶聖棄智、民利百倍。絶仁棄義、民復孝慈。絶巧棄利、盗賊無有。

此三者、以爲文不足。故令有所屬。見素抱樸、少私寡欲。


理想や知識に対する執着も、いったん全部捨てちゃわないか？

あらゆる未来に、見切りをつけてみないか？

世の中は、とかく進化だ成長だと言って煽り立てるけど、どこまでいってもキリがない。

逆から見れば、理想を掲げることで「いま」を否定し、「あるがまま」を拒絶してしまっている。

「何かを達成しなければ」という脅迫観念と、いま目の前に映る「解釈」が、あらゆる苦しみの起点であることに気づけたなら、その理想も解釈も捨て去って、あるがままの「いま」に寛ぐことができる。

じつはその方が、一〇〇倍幸せな人生を送れるのさ。

よくよく心の中を覗いてごらん。どんな悩みや不安も、全部「過去と未来」の中にあるものだから。

「いま」の中には、ストレスが生まれようがないんだ。

それに、僕たちが何かを感じることができるのは「いま」しかない。過去や未来は「考えること」はできても、感じることはできない。

だから「幸せ」は、どうしたって「いま」の中にしか見つからないのさ。

なのに人は、目の前にある「いま」を見ることなく、「未来」にばかり目を向けたがる。


同情や、正義感も捨てちゃおう。

未来と一緒に、過去に培った観念・信念とも決別してしまおう。

余計な押しつけがない方が、その人本来の愛が発揮されて、互いに慈しみ合えるようになるんだ。

策略や利益ばかりに目を向けたがる、社会の風潮に流されるのも、もうやめよう。

「奪い合う」という競争の原理ではなく、「与え合う」「支え合う」という調和の原理に基づくなら、盗賊もいなくなるだろう。


とにもかくにも、何より大事なのは「あるがまま」にすべてを認め、大切にすることだ。

「あるがまま」に馴染んでいけば、「自分」は「全体」に溶け込み、分離意識も薄れていく。

「自分」という自意識が薄れれば、おのずと欲（満たされなさ）も消えていくのさ。

第20章　タオに抱かれる変わり者

絶學無憂。唯之與阿、相去幾何。善之與惡、相去何若。

人之所畏、不可不畏。荒兮其未央哉。衆人熙熙、如享太牢、如春登臺。

我獨怕兮其未兆、如孾兒之未孩。累累兮若無所歸。衆人皆有餘。

而我獨若遺。我愚人之心也哉。沌沌兮。俗人昭昭。我獨若昏。

俗人察察。我獨悶悶。澹兮若海、飂兮若無止。衆人皆有以。

而我獨頑似鄙。我獨異於人而貴食母。


学ぶことを止めたなら、小さなことにクヨクヨ思い悩むこともなくなるよ。

たしかに、知識や教養が問題を解決してくれることもあるけど、そもそもの問題を作り出しているのもまた、知識や教養なんだから。

たとえばさ、お行儀よく「はい」と答えることと、気さくに「うん」と答えることの間に、どれほどの違いがあるだろう？

「TPOをわきまえなさい。目上に対しての返事は、『うん』ではなくて『はい』だろう！」なんて目くじらを立てる人もいるけれど、その「善い」と「悪い」に、どれほどの差があるだろう。

「いやいや、みんなが畏《かしこ》まる席ならば、自分も畏まらないわけにはいかんでしょう」とでも言うのなら、なんと目覚めの兆しから遠のいていることか。

世間の人々が、お花見を楽しみ、陽気にごちそうを囲んでいるとしても、僕はそこには加わらない。まだ笑顔も作れない新生児のようにひっそりと佇み、どこに属することもなく、独り離れてぼんやりしている。

みんなは有り余るものを持っているけど、僕だけは、なにも抱えるものがない。

やっぱり僕は、掴みどころのない変わり者なのかもしれないな。

世間様が大事に抱えているものや求めているものが、ちっとも重要に思えないんだ。

お偉いさんが、訳知り顔で溌剌《はつらつ》とスピーチする中、僕はひとりで「そんなもんですかねぇ」なんて言って黄昏れている。みんながその演説に従ってキビキビ働いている中、僕だけ「なんだかなぁ」ってモヤモヤしている。海のようにゆらぎ、吹きすさぶ風のようにあてどない。

みんなが価値や常識を選んでいるとしても、僕はそれらに執着することなく「あるがまま」を選ぶ。

やっぱり、世間一般とは価値観が違うだろうけど、僕にとって一番大切なのは、母なるタオに養われていることを実感して生きることなんだ。

第21章　諸行無常

孔徳之容、唯道是従。道之爲物、唯恍唯忽。忽兮恍兮、其中有象。

恍兮忽兮、其中有物。窈兮冥兮、其中有精。其精甚眞、其中有信。

自古及今、其名不去、以閲衆甫。吾何以知衆甫之然哉、以此。


本当の現実《リアリティ》を知る人は、ただ、タオのエネルギーに従って生きる。

人知では計り知れない領域に、万物を躍動させているタオのエネルギーがあるんだけど、多くの人は「直接認識することが出来ないから」というだけの理由で「ホントにそんなものがあるの？」って疑ってしまう。

だけど、そのエネルギーは紛れもない真実として、いつだって目の前にあるんだ。

確かにタオは漠然として捉えどころがないけど、その混沌の中には、「現象」や「物質」といった、目に見える実体があるよね。

いにしえから今に至るまで、目に見える形として現れたすべての存在は、止まることなく躍動し続けている。

その「どんな形も現れては消えてのプロセスの中で躍動している」という事実を通して、タオという「万物の母」の存在を見つけるんだ。

どうして僕がそのことを知っているのかというと、まさにいま、目の前に現れている、さまざまな現象を通して知ることができるからさ。

どういう意味かわかるかい?

「君が動いている」のではなく、「動き」が、〝君を含めたすべての現象〟として現れているんだ。

「君が生きている」のではなく、「生」が、〝君を含めたすべての現象〟として現れているんだ。

第22章　我が身を、天に明け渡す

曲則全。枉則直。窪則盈。敝則新。少則得。多則惑。

是以聖人、抱一爲天下式。不自見、故明。不自是、故彰。

不自伐、故有功。不自矜、故長。夫唯不爭、故天下莫能與之爭。

古之所謂曲則全者、豈虚言哉。誠全而歸之。


強い風が吹いた時のことを思い出してみよう。

堅い木なら折れやすいけど、しなやかに曲がる木ほどよく耐え、長生きするだろう?

イモムシは、かがむことができるからこそ、伸びもできる。

窪みがあるから、水は流れてそこに満ちる。

物は、ボロボロになるからこそ、新調される。

何も持っていないところに、手にする可能性が生まれ、多くを抱えていれば、あとは失うばかりで途方にくれる。

タオの流れに沿って、どんな変化にも抗《あらが》わない柔軟な人は、生き方のいい手本になる。

自分を飾らないから本来の個性が輝き、正しさを誇示しないから、あるがままが明瞭になる。

うぬぼれないから、慕われる。人を見下さないから、いつまでも尊敬される。

競争心が消えているから、世の中に敵対するものがない。

「柳に雪折れなし」なんて言葉があるけど、まさに言い得て妙。

「虚勢を張った自分」という堅い鎧は脱ぎ捨てて、柔軟に、この身を天に明け渡そうじゃないか。

第23章　賢者の顔は、ひとつじゃない

希言自然。故飄風不終朝、驟雨不終日。孰爲此者、天地。

天地尚不能久、而況於人乎。

故從事於道者、道者同於道。徳者同於徳。失者同於失。

同於道者、道亦樂得之。同於徳者、徳亦樂得之。同於失者、失亦樂得之。

信不足焉、有不信焉。


いつも穏やかな晴れの日ばかりじゃない。

風や雨、雪に雷。そういうカタチで、時には自然もおしゃべりする。

それでも、騒々しいつむじ風も半日あれば過ぎ去るし、夕立だって一日中は降り続かない。

誰が風を吹かせ、雨を降らせているのかといえば、そりゃあ、お天道様だ。

お天道様でさえひとつの状態を永続させることがないんだから、人間だって同じだよ。

タオを生きる人だって、「いつも同じ」であるわけがない。彼らにもまた、いろんな表情があるの

さ。

「真実に目覚めた聖者は、どんな時も微笑みを浮かべている」とか、「悟れば人生からハプニングはなくなり、ハッピーなことしか起こらなくなる」なんていうのは、想像の産物でしかない。

迷いから目覚めてもなお、晴れの日もあれば、曇りの日だってある。もちろん、雨が降ることも。

喜びとひとつになれば、喜びもまた彼を迎え入れて喜び、憂鬱とひとつになれば、憂鬱もまた彼を迎え入れて喜ぶ。悲しみとひとつになれば、涙もまた彼を迎え入れて喜ぶのさ。

「あるがまま」を生きる人は、その時その時に現れる心の動きにも抵抗しない。

「こんなところで泣いてたまるか」、「いま怒っては大人げない」などといった囚われがないからこそ、とても素直に感情を受け入れ、味わうことができるんだ。

そしてまた、それらの感情を引きずり続けることもない。

だから僕は、いつだって平静を装い、本当の気持ちに蓋をして聖者面《づら》するようなヤツの言葉など、まったく信用できないね。

第24章　残飯を差し出されても……

企者不立。跨者不行。自見者不明。自是者不彰。自伐者無功。

自矜者不長。其於道也、曰餘食贅行。物或惡之。故有道者不處。


つま先立ちで背伸びをしても、長くは続かない。

大股開きで歩いていては、遠くまで歩けない。

「わたしはこういう人間だ」という自己イメージに固執している限り、「ありのまま」は見えてこない。

大切にしている信念や正義、ものの見方に執着している限り、「あるがまま」は見えてこない。

自慢話ばかりしていれば煙たがられるし、天狗になっていれば爪弾きにされる。

自分を大きく見せようと、なにかとアピールしたがる人も多いけど、そんな自己主張はただの残飯。

ある功績がどれほど彼らの腹を満たしてくれたとしても、その食べかすをありがたがる人なんていやしないじゃないか。だから、タオを生きる人は、そんなところにいないのさ。

第25章　大いなる母の胸に抱かれて

有物混成、先天地生。寂兮寥兮。獨立而不改、周行而不殆。

可以爲天下母、吾不知其名。字之曰道。強爲之名曰大。

大曰逝。逝曰遠。遠曰反。故道大、天大、地大、王亦大。

域中有四大、而王居其一焉。人法地、地法天、天法道、道法自然。


この天地が現れるよりも先に、混沌《カオス》があった。

音もなく形もなく、何にも依存しない唯一無二の混沌が、とどまることなく巡り続けている。

それはまさに、この世界を生んだ母だというのに、僕は彼女の名前すら知らない。

『タオ』というのも、あくまで仮の名にすぎないんだ。タオという言葉がピンとこないのなら、他の名前、たとえば『大いなる何か』と呼んだってかまわない。

その大いなる何かは、宇宙の彼方はるか遠くまで広がって、再び元の根源に舞い戻る。

タオは、大いなる何かであり、それは天であり、地でもある。人もまた、大いなる何かだ。

その見え方、現れ方は違っても、存在という存在すべてが、この大いなる母の胸に抱かれている。

人は地球の法則に従い、地球は天の法則に従い、天はタオの法則に従っている。

そしてタオは、ただあるがまま、自然の摂理に従っている。

第26章　慎重さが導く軽妙な人生

重爲輕根、靜爲躁君。是以聖人、終日行、不離輜重。
雖有榮觀、燕處超然。奈何萬乘之主、而以身輕天下。
輕則失本、躁則失君。

人は何かとそそっかしい。
いつも落ち着きがなく不注意で早合点や失敗が多い。
だからこそ、心にしっかり錨《いかり》を下ろそう。
静寂に還り、そわそわ、ザワザワする気持ちを鎮めよう。
慎重さは、振る舞いを「軽々しいもの」ではなく「軽妙なもの」へと導いてくれる。
「慎重さ」というのは、心に浮かぶ「反応」を見つめることだ。
何かの事象を前にして、その時、どんな解釈が生まれている？
身体に、どんな変化が現れている？

その一つひとつに意識を向けてみるんだ。

そそっかしい人は、刺激があるとすぐに反応し、その反応が無自覚のうちに行動に移る。

心にどんな反応が現れているかを観察すると、行動に移る前の「ワンクッション」ができてくる。

すると振る舞いは、「無自覚な反射的行動」から、「的確な対応」へと代わっていくのさ。

だからタオを生きる人には、そそっかしさがない。

どこを旅するにしても、慎重さを乗せた荷馬車から離れることがない。

たとえ目の前に素晴らしい景色が現れたとしても、はしゃぐことなく、くつろぎとともにあるさ。

なのに、大きな軍隊を率いる皇帝ですら、ちょっとしたことで世間に怒りを向けたり、焦ったりと、
そそっかしい態度をとってしまう。

軽率な振る舞いは、我を忘れさせてしまうし、騒々しくしていれば、地位も失ってしまうだろうに。

第27章　はみ出し者でも、助っ人なのさ

善行無轍迹。善言無瑕謫。善數不用籌策。善閉無關楗而不可開。

善結無繩約、而不可解。是以聖人、常善救人。故無棄人。常善救物。

故無棄物。是謂襲明。故善人者、不善人之師。不善人者、善人之資。

不貴其師、不愛其資。雖智大迷。是謂要妙。


馬車をひくのがうまい人は、道に轍《わだち》を残さない。

諭《さと》し方がうまい人は、言葉にトゲがない。

計算が得意な人は、そろばんを使わない。

戸締まりが上手な人は、かんぬきがなくても、扉を開けられないようにする。

荷造りが上手な人は、縄を使わずして荷をまとめる。

誰にだって、かならず得意なものがある。

だけど、そういう「特技」や「才能」ってのは、なかなか本人は気づけないものなんだ。

なぜなら、特技や才能の多くは、本人にとってみれば「当たり前にできること」だからね。それが自分の取り柄だとは思っていなかったりするんだよ。

多くの人は、自分が当たり前にできることを大切にすることよりも、欠点を改善させることに目が向いてしまい、せっかくの特技や才能も見過ごしてしまう。なんてもったいないことだろう。

そのことをよく知る人は、「へー！　君ってコレが上手なんだね！」と、皆の才能を見いだして、適材適所へと導いていく。

「あるがまま」を見通せるからこそ、先入観や偏見を持たずに人と接することができる。

だから、その人その人の潜在能力も、的確に見つけられるんだ。

そうやって道を示した人もまた、彼らの特技、才能に助けられる。

タオを生きる人にとっては、「いらない人」なんてどこにもいない。だからこそ、どんな人でも見捨てない。人に限らず、どんな物にも活用の場を見つけて、無駄にすることがない。

これが「智慧」さ。

こうして善人は不善の者のアドバイザーとなり、不善の者は善人のサポーターとなる。

アドバイザーを尊ぶことなく、また、サポーターをいとおしむ事がなければ、どれほど「学んだ」と胸を張っても、なお迷いから覚めてはいないのさ。

その迷いの向こうにこそ、真髄があるっていうのにね。

第28章　何者でもない自分

知其雄、守其雌、爲天下谿。爲天下谿、常徳不離、復歸於嬰兒。

知其白、守其黒、爲天下式。爲天下式、常徳不忒、復歸於無極。

知其榮、守其辱、爲天下谷。爲天下谷、常徳乃足、復歸於樸。

樸散則爲器。聖人用之、則爲官長。故大制不割。


男であろうと女であろうと、人は心に「男の極」と「女の極」という二つの性質を兼ね備えているんだ。

もとより、肉体という形を超えたタオの世界には、男も女もないからね。

男の極は、世界を形作る能動性であり、女の極は、世界を受け止める寛容性だ。

この二つの性質が統合されて、はじめてバランスがとれる。

男の極が持つ力強さや論理性を知りながら、女の極が持つ柔らかさや感受性を守るなら、君は世界を丸ごと受け止められる大きな谷になる。

そうなれば、決して「あるがまま」から外れることのない、赤ん坊のころの「調和のとれた状態」へと舞い戻る。

陰の極と陽の極、これらは相反しつつも、一方がなければもう一方も存在し得ない。双方の性質を受け入れてこそ、森羅万象とひとつになれるのさ。

対極する「相対」の世界から、極を超えた「絶対」の世界に還るんだ。

栄光ばかりを求める世間の理想を知りつつも、恥辱をも受け入れることができたなら、その大きな谷になれる。

「あるがまま」に満ち足りた、「何者でもない自分」に還るんだ。

もちろん、さまざまな形で自分を磨き上げることもできるけど、せいぜい「一官の長」という小さな器に収まるぐらいだ。

理想の自分を作りあげることよりも、「何者でもない自分」に還ることによって、人は輝くんだよ。

第29章　タオの思し召すままに

將欲取天下而爲之、吾見不得已。天下神器。不可爲也。

爲者敗之、執者失之。故物或行或隨、或呴或吹。或強或羸、或載或隳。

是以聖人、去甚、去奢、去泰。


人はそれぞれに理想や希望を抱えていて、人生が思い通りに運ぶことを期待している。

残念だけど、どんなに綿密な計画を立てても、コントロールしきれないのが人生ってもんさ。

人生もまた、すべての流れはタオに従っているんだ。

人間にはどうすることも出来ない。

タオが右に流れようとすれば、現象は右に流れる。人はその流れに逆らえない。

その流れと同調せずに「左に行きたい」と願っても、「なぜ願い通りにならないんだ」という苦悩にしかならない。

一方で、タオの流れに気づかぬまま、右に行こうと思っていれば、「わたしがコントロールして実現したのだ」という錯覚に陥る。


人生が自分の思い通りに運ばない時、人の反応はさまざまだ。

別の理想に向かう人もいれば、他者に依存し出す人もいる。

さらに燃え上がる人もいれば、あきらめる人もいる。

へこたれない人もいれば、胃潰瘍になる人もいる。

挫ける人もいれば、ヤケになる人もいる。


でも、タオを生きる人は、そのどれにも当てはまらない。

流れに身を委ねているから、「思い通りにしてやる！」と願望実現に躍起になることがない。

流れとともにあるから、何かが実現しても「やってやったぞ！」と、達成感に酔いしれることがない。

流れに背くことが出来ないことを知っているから、「そんな簡単にあきらめるなんて」と、人を見下し高慢になることがない。

第30章 武力で平和は訪れない

以道佐人主者、不以兵強天下。其事好還。師之所處、荊棘生焉。

大軍之後、必有凶年。善者果而已。不敢以取強。果而勿矜。果而勿伐。

果而勿驕。果而不得已。果而勿強。物壯則老、是謂不道、不道早已。


タオに沿って君主をサポートする者がいたなら、世界を武力で押さえつけようとはしないだろう。

武力を用いれば、必ずなにかのカタチでしっぺ返しを食らうことを知っているからだ。

しっぺ返しと言っても、単に敵軍から報復を受けるという意味だけじゃない。

軍が駐屯した場所には荊棘《いばら》が生え、田畑も荒れて、飢饉も続くだろう?

大きな戦争の後には、必ず災いが訪れる。

だからこそ、優れた者は「反戦運動」ではなく「平和運動」を選ぶんだ。

前にも書いたとおり、「争いがない」ことでしか「平和」はあり得ないんだからね。

それゆえに、平和が訪れてもおごり高ぶる事がない。

「平和のために戦う」という行為ではなく、「そこに加わらない」という無為こそが、その平和をもたらすのだから、そこに「己の強さをひけらかす」なんてのはナンセンスだろう？

力で無理矢理押さえつけたところで、いずれその力も衰える。

「無理」は文字通り「理《ことわり》が無い」と書く。タオに背いた不自然な振る舞いだ。

不自然な振る舞いは、早くに行き詰まるものさ。

これはなにも大きな戦争などに限った話じゃない。

日常における、ちょっとしたいざこざにも言えることだよ。

第31章 勝利は誇れるものじゃない

夫佳兵者、不祥之器、物或惡之。故有道者不處。

君子居則貴左、用兵則貴右。

兵者、不祥之器、非君子之器、不得已而用之、恬惔爲上。

勝而不美。而美之者、是樂殺人。夫樂殺人者、則不可以得志於天下矣。

吉事尚左、凶事尚右。偏將軍居左、上將軍居右。言以喪禮處之。

殺人之衆、以悲哀泣之、戰勝以喪禮處之。


戦争は、人の心をすっかり麻痺させてしまっている。

攻撃であろうが防衛であろうが、どんな時代においても「戦争」や「軍人」の存在は、決して誇れるものじゃない。

どんな武勇伝や理由を語っても、結局そこで行われているのは「殺戮《さつりく》」という暴挙だ。

本当に、武器や軍隊というのは不吉で不幸な代物《しろもの》だよ。誰からもその存在が憎まれる。

タオを生きる人が、それらに近寄らないのはもちろんのこと。

武器は不幸をもたらす道具であって、君主が使う道具じゃない。

自衛のため、やむを得ず用いなければならないとしても、決してそこに大義名分や免罪符をつけてはならない。

仮に戦に勝ったとしても、それを美談にするようじゃダメだ。英雄になってはいけない。

その勝利を褒め称えるなら、それは人殺しを楽しみ、褒め称えているのと代わらない。

殺人を楽しむような輩がこの世で志を得ることなんて、できるわけがない。

君主は通常しきたりに則《のっと》って、（吉事の象徴である）左側に座るが、戦争となれば（葬式の流儀にならって）陣中の右側に座る。

敵といえど、多くの人を殺してしまったことを、悲哀をもって泣く。戦いに勝っても、葬儀の作法をとるんだ。

第32章　川の流れのように

道常無名。樸雖小、天下不敢臣。侯王若能守之、萬物將自賓。

天地相合以降甘露、民莫之令而自均。始制有名。

名亦既有、夫亦將知止。知止所以不殆。

譬道之在天下、猶川谷之與江海。


タオは、ずっと「あるがまま」。

世界が分け隔てられる以前のその世界には、支配するものも、支配されるものもない。

なんてことのない些細なことですら、誰もそれを支配することはできないんだ。

もし、この世の支配者や有力者と呼ばれる人たちが、あるがままに自然の流れを保つことができるなら、万物はひとりでに彼らに従うだろう。

天と地が手を取り合って恵みの雨を降らせるように、人民は命令や強要を受けることもなく、自然と治まっていくだろう。

マインドが動き出して、「あるがまま」は「解釈」に置き換えられていく。

もちろん、解釈があることは構わない。どうしたって、人間は解釈を通してでしか世界を把握できないんだから。

しかし。いや、だからこそ、特定の解釈・観念に固執し続けるのは危険だ。

「観念」は、柔軟性があってこそ、役に立つ。

さまざまな視点を通して世界を楽しむ可能性が広がる。

「固定観念」は、流れに抗《あらが》う。それでは、人生が解釈に縛られたまま、不自由で限定的な世界になってしまう。

人生は、「思い（願い）通り」に流れてくれるわけじゃない。

でも、人生を「思い（解釈）通り」に歩むことはできる。

どんな状況であっても、「満たされない」と解釈するのなら、人生は決して満たされない。

どんな状況であっても、「満たされている」と解釈するなら、人生は幸せなものになる。

ほら、人生における「幸不幸」は、その人の「解釈」の世界に浮かび上がっているのさ。

タオは、あらゆるものが流れ着くところ。

あらゆる川の流れが自然と大海へと導かれるのと同じように、舵を取らなくても自然と導かれるよ。

第33章「保有」と「充足」は比例しない

知人者智、自知者明。勝人者有力、自勝者強。

知足者富。強行者有志。不失其所者久。死而不亡者壽。


他者を理解できる人には知恵がある。が、自らを理解できる人はさらに明晰だ。

他者を打ち負かすことができる人には力がある。が、自分の欲望に打ち勝つことができてこそ、真の強さと言える。

どんなに多くのものを保有していても、充足がなければ富裕とは言えない。むしろ、なにも持たずとも充足があるのなら、それこそ真の「リッチマン」だ。

皆、豊かになろうと必死になるが、その必死さが、逆に充足を覆い隠してしまっているのさ。

次から次へと忙《せわ》しなく何かを求める「心の貧しさ」がないところに、自ずと充足は現れる。

その在り方を失わない人は、その身が朽ちても果てることのない、命の源流に通じる。

第34章　夢も希望もない創造主

大道汜兮其可左右。萬物恃之而生而不辭。功成不名有。

衣養萬物而不爲主。常無欲、可名於小。

萬物歸之而不爲主、可名爲大。以其終不自為大、故能成其大。


大いなるタオは、水が溢れ出るように右へ左へと広大無辺に行き渡る。

それを頼りに万物が生まれてくるけど、タオは決して躊躇《ためら》わないし、自慢もしない。あらゆる存在を守り育みながらも、主《あるじ》の顔をしない。ずっと無欲なままだ。

裏を返せば「夢も希望もない」んだから、世俗的には「小さいヤツ」とも思われかねない。

けどね、あらゆるものがそこに還っていくのに、主を気取らないのは「大物」の度量じゃないか。

最後まで自分で「偉大だ」と偉ぶることがない。

だからこそ偉大な仕事をやってのけられるのさ。

第35章　たしかに味気ないけどさ……

執大象、天下往。往而不害、安平太。

樂與餌、過客止。道之出口、淡乎其無味。

視之不足見。聽之不足聞。用之不足既。


「あるがまま」に生きたなら、どこに行こうとストレスはなく、平和で安らかだ。

僕たちを苦しめているのは状況ではなく、その状況を苦しみと捉えた解釈の側。そのことに気づいてしまえば、否定もできないほどシンプルで明白な事実なのに、これがなかなか通じないんだよなぁ。

どうしたって人は、「あるがままの現実」ではなく「解釈の現実」を大事にしたがる。

素敵な音楽やご馳走を用意したなら旅人も足を止めてくれるけど、タオの話は味気ないもんな。

ま、話したところで、タオは「目をこらしても見えないし、耳を澄ませても聞こえない」ってんだから、しょうがないか。

けど、タオのパワーは無尽蔵。使っても使っても、無くなることがないんだぜ。

第36章　柔よく剛を制す

將欲歙之、必固張之。將欲弱之、必固強之。

將欲廢之、必固興之。將欲奪之、必固与之。

是謂微明。柔弱勝剛強。

魚不可脱於淵、國之利器、不可以示人。


タオの流れに逆らうと、物事は余計にこじれていくものだ。

だからね、仮に嫌なことがあったとしても、安直にそれに反発してしまうのは考えものだよ。流れに逆らわずにいる方が、結果早く解決することもあるんだ。

何かを縮めたいと思うなら、逆に張ってごらん。

たとえばね……

誰かの権力を弱らせたいと思うなら、押さえつけずに、しばらくの間、彼をどんどん威張らせてあげよう。

結果どうなるか？

そのうち失望を受けて自然と権力を失うんだ。

流行を止めたいと思うなら、やめさせるよりも、もっと大きなブームにしてしまえばいい。

その方が、人はすぐに飽きて離れるってもんさ。

取り上げたいと思うなら、イヤと言うまで与えておくにかぎる。


これが、タオが教えてくれる「柔よく剛を制す」という知恵さ。

「あるがまま」を生き、そこに流れるものの道理、その奥深さをしっかりと洞察してごらん。

そこで見つけた知恵は、国を統べる奥の手ともなる。易々と人に漏らすなよ。

第37章　無欲を欲するという罠

道常無爲、而無不爲。侯王若能守之、萬物將自化。化而欲作、吾將鎭之以無名之樸。無名之樸、夫亦將無欲。不欲以靜、天下將自定。


タオは、常に無作為でありながら、それでいて為さないということがない。

もしも世の統治者が、このタオの道を守っていけるのなら、万物は自ずからタオと調和していくだろう。

調和する過程で、なおも「調和しよう」などと欲するなら、僕は「何者でもない素朴さへ還れ」と注意し、その欲を鎮めよう。

「何者でもない」ところには、欲（満たされなさ）も生まれようがないからね。

欲が無くなって、静寂が現れる。

そこで初めて、世界に調和のとれた平和が訪れるのさ。

下篇 ——「徳」の章

第38章「モラル」という名のイミテーション

上徳不徳、是以有徳。下徳不失徳、是以無徳。
上徳無爲、而無以爲。下徳爲之而有以爲。
上仁爲之、而無以爲。上義爲之而有以爲。
上禮爲之、而莫之應、則攘臂而扔之。
故失道而後徳、失徳而後仁、失仁而後義、失義而後禮。
夫禮者、忠信之薄、而亂之首。前識者、道之華、而愚之始。
是以大丈夫、處其厚、不居其薄、處其實、不居其華。故去彼取此。

ところで、『徳』って知ってるかい？

何となくのニュアンスはわかるけど、あらためて「徳とは何か？」と聞かれると、結構言葉に詰まってしまうよね。

「仁義」なんていう言葉は聞きなじみがあるだろう？

これは儒教の教えである『五常』の徳（仁・義・礼・智・信）の上ふたつを取ったものなんだ。

『仁』は、思いやり。慈悲の心。

『義』は、利欲にまみれず、すべきことをすること。

『礼』は、仁（思いやり・慈悲）が具体的な行動として現れたもの。

『智』は、博識であること。学問に励むこと。

『信』は、嘘をつかないこと。約束を守ること。誠実であること。

これらを大切にしなさいってのが、儒教の教えだね。

とりあえずは、これを踏まえて本題に入るとしよう。


じつはね、僕はこの教えをあまり好きになれないんだよ。

もちろん何も間違ってはいないし、大切なことばかりだよ。だけどつい、「少しばかり、ずれてはいませんか」と感じてしまうんだ。

それは、こういうことなんだ。

最上の徳は、己の徳を意識しない。だからこそ、徳がある。

低俗な徳は、己の徳にしがみつく。だからこそ、徳がない。

たとえ行為が同じであっても、このふたつの違いは大きい。

最上の徳は、無作為だからこそ、ことさら「いいことをした」などとは思わない。だからこそ、そこにわざとらしさがない。

一方、低俗な徳は作為的であるからこそ、「いいことをした」というプライドが顔を覗かせる。

本当に『仁』のある人は、それを行動に移しても、「いいことをした」とは思わない。

『義』を守る人は、それを行動で表すが、どこか「義に基づいた行動をとった」と意識している。

『礼』を守る人は、それをはっきりとした行動で表すが、相手がその『礼』に応えないと、肘で突いて返礼を要求する。

わかるかい？

『タオ』が見失われて『徳』が求められ、『徳』が見失われて『仁（思いやり）』が求められ、『仁（思いやり）』が見失われて『義（やるべきこと）』が求められ、『義（やるべきこと）』が見失われて『礼』が求められるようになった。

そもそも世に『礼』が求められるということは、真心が薄れた結果。つまりは、世の乱れの始まりだ。

人より抜きん出てやろうと『智（知識）』を求めるのは、ものの道理を見失ったが故に生まれた造花、愚かさの始まりだ。

だからこそ、しっかりとした者はモラルに頼らず、理屈を捨てて愛を生きるんだ。

第39章　すべては「基盤」が支えている

昔之得一者。
天得一以清、地得一以寧、神得一以靈、谷得一以盈、萬物得一以生、
侯王得一以爲天下貞。
其致之一也。天無以清、將恐裂。地無以寧、將恐廢。神無以靈、將恐歇。
谷無以盈、將恐竭。萬物無以生、將恐滅。侯王無以貴高、將恐蹷。
故貴以賤爲本、高必以下爲基。是以侯王、自謂孤寡不轂。
此非以賤爲本耶。非乎。故致數譽無譽。不欲琭琭如玉、落落如石。

太古の昔には、すべての調和が保たれていた。

空は澄み渡り、地は安定し、神々は霊能を発揮し、谷は水をたたえ、万物は生かされ、諸国の王はその地位を確かなものにした。

それはひとえに、あらゆるものが「ひとつ」として協調できていたがゆえだ。

ところがどうだろう。いまや人の心はすっかりバラバラだ。

天地自然とひとつであることを、すっかり見失ってしまった。

協調するどころか、互いが互いを見下し、私の方が上だと主張しながら、日々さまざまな競争に明け暮れている。

誰もが皆、「より上の立場」を目指して努力を重ねている。

しかしだよ。本当に「地位の高さ」「上の立場」であることが正しいんだろうか？　大切なことなんだろうか？


空に清らかさがなければ、裂けてしまうだろう。

地が安定していなければ、地震とともにすべてが崩れ落ちてしまう。

神々が霊妙でなければ、おそらくはその力も失う。

谷が水で満たされなければ、すべてが枯渇してしまう。

万物が生育できなければ、すべて破滅する。

国王がその地位を保てなければ、国は滅びてしまう。

すべてにおいて「基盤」は非常に重要だ。足下が崩れれば、すべてが台無しになってしまう。

貴族の地位は、民衆に支えられてこそ保たれている。

高位の者は必ず、その基盤を低い地位の者たちに委ねているということだ。

それゆえ、かつての優れた王たちは、自らを「孤児《みなしご》」「独り者（配偶者を失った者）」「僕《しもべ》」などと卑下した。これは、「賎《いや》しきものを根本となす」ということであろう。

だから、賢《さか》しらに栄誉を求めれば、かえって栄誉はなくなるものさ。

美しい宝石になろうと望まず、そこらに落ちている石ころでいるのがいいんだよ。

第40章　タオの原理は「原点回帰」

反者道之動。弱者道之用。
天下萬物生於有、有生於無。

元に戻ろうとするのが、タオの流れ。
しなやかさ、柔軟性は、タオの特性。
この世のすべては「有」から生まれ、
「有」は「無」から生じる。

前に進むのではなく、元に戻るのが、タオの原理。
行く道ではなく、還る道こそが、タオの道。
そこは、何かを「獲得」した末にたどり着くところではなく、
すべてを「手放す」ことで見えてくる、存在の原点への帰り道。

心から、

喧騒が消えると「静寂」になる。

曇りが消えると「明晰」になる。

強がりが消えると「素直」になる。

欠乏感が消えると「感謝」になる。

焦りが消えると「ゆとり」になる。

恐れが消えると「安堵」になる。

分離が消えると「ひとつ」になる。

こだわりが消えると「流れ（変化）」になる。

それは全部、「元」の姿。

ほら、人が求める幸せは、「獲得や成長の先」にあるものではなく、

あらゆるものを手放した、僕たちの原点にある。

第41章　あまのじゃくの世界

上士聞道、勤而行之。中士聞道、若存若亡。下士聞道、大笑之。不笑、不足以爲道。故建言有之。

明道若昧、進道若退、夷道若纇。上徳若谷、大白若辱、廣徳若不足。建徳若偸、質眞若渝。大方無隅。大器晩成。大音希聲。大象無形。道隱無名。夫唯道善貸且成。


勘のいい人なら、タオの話を聞いたとたんに、そこを生きるようになる。

並の人なら、「わかったような、わからんような」で、半信半疑。

常識人なら、「イカレてるの?」って、吹き出してしまうだろう。

でもね、むしろ彼らにバカにされることもなく、なにがタオだ、って話だよ。

昔の人はこう言ってる。

「もしもタオの道を歩み、本来の洞察力を取り戻したなら、世間と逆の世界が見えてくるだろう。

明るい道ほど暗く見え、行けば行くほど後退する。

そしてまた、平坦な道ほど険しく感じられるだろう。

高い徳ほど俗っぽく感じられ、純白は汚れて見える。

世間に広まるモラルは何かが欠けているように、健全さは一時のかりそめのように、純真さはうつろいやすく見える。

空間が広いほど、隅はなかなか見つからないし、どんな形かすら掴めない。

大きな器ほど、出来上がるまでには時間がかかる。

大きすぎる声はかえって聞きづらく、天のように限りなく大きなものは、その全貌が捉えられない」と。

確かにタオは説明しようのないものだ。

「あるかないかも定かではない、そんな話を信じられるか」というのなら、しかとその目で確かめることだ。

ただただ万物に力を貸し、森羅万象を見事に成就させているということの事実を。

第42章 「僕」の秘密

道生一、一生二、二生三、三生萬物。

萬物負陰而抱陽、沖氣以爲和。

人之所惡、唯孤寡不轂、而王公以爲稱。故物或損之而益、或益之而損。

人之所教、我亦教之。強梁者不得其死。吾將以爲教父。


タオからひとつの「氣（流動）」が生じ、氣の性質から「陰陽」という二つの極が生まれた。

対極する「陰陽」は、新たに「均衡《バランス》」を生み出し、その「均衡」をもとに万物が生まれた。

だから万物はみな、陰の極を背負い、陽の極を抱き、この二つの間に流れる氣によって調和が取られているんだ。

さあ、その基本を踏まえた上で、以前の話を振り返ろう。

世間一般の人々が嫌がることといえば、それこそ「孤児《みなしご》」になることであり、「独り者」になる（配偶者を失う）ことであり、「僕《しもべ》」の烙印を押されることだ。

だが、かつての王族はあえてそれらを用い自らを称した。

(その習わしはいまなお続いている。君も自身をさして「僕《ぼく》」と呼ぶことがあるだろう?)

なぜだと思う?

物事は常に流動し続け、『陰』と『陽』を揺れ動く。

どこかに『陰』が生じれば、またどこかに対極である『陽』が生まれ、「全体」はつねに均衡を保つ。

「損は益に」あるいは「益は損に」と絶えず変化する性質・法則を持っているんだ。

世間一般が教えてくれていることを、僕もまた伝えよう。

『物事を力ずくで成し遂げようとする者は、ろくな死に方をしない』と。

これこそが、タオの教えの大本だ。

第43章　言葉なき教え

天下之至柔、馳騁天下之至堅。
無有入無間、吾是以知無爲之有益。
不言之教、無爲之益、天下希及之。

この世で最も柔らかいものが、最も硬いものを押し貫く。
形無き水が、硬い岩盤のような隙間のないところにも染み入っていけるようにね。
僕はそこから、しなやかで、形にとらわれない「無為なる生き方」の有益さを知った。
「無為」という、言葉のない教えに及ぶものなど、この世にはほとんどないんだ。

第44章　欲求不満の堂々巡り

名與身孰親。身與貨孰多。得與亡孰病。

是故甚愛必大費。多藏必厚亡。

知足不辱、知止不殆、可以長久。


名声と命とでは、どちらが大切なものだろう？

命と財産とでは、どちらが切実なものだろう？

得ることと失うことでは、どちらが煩《わずら》いになるだろう？


人は人生の中で「心を満たしてくれそうだ」と思うものに、たくさんのエネルギーを注ぐ。

そして大抵の場合は、名誉、財産、知識、友人……、その対象がなんであれ、「より多く得ること」が幸せに繋がると信じている。

心を刺激してくれるあれこれにすっかり魅了されている。欲というのは、そういうものさ。

そして人は、さまざまな欲求を実現するために、作為や取引の世界に身を投じる。

だけどね、ここで君自身の半生を振り返ってみよう。

これまでに、たくさんの欲求（満たされなさ）が生まれ、それを補おうとさまざまな物事を獲得、実現してきただろう。

それは君が「これが獲得、実現できれば満たされる（幸せになれる）はずだ」という思いがあったからだよね？

で、その結果はどうなった？

確かに「その時」は満たされたろう。幸せも感じられただろう。でも、残念なことに、そこで得られた幸福感は永続していない。

獲得したにも関わらず、そのために色々な苦労や投資といった代償を繰り返したにも関わらず、元の「満たされない」という心境に舞い戻っている。

人は何かを獲得した状況や、何かが改善された状況に、あっという間に慣れてしまう。

そして、そこで新たに生まれた欠乏感は、以前より大きな刺激を得なければ解決されなくなっている。刺激に慣れれば、より大きな刺激を望むようになる。

「もっと、もっと！」

こうして欲は、より大きな欲へと姿を変えていくんだ。

そのループの中でハードルはどんどん高くなり、欲が増すごとに乗り越えることが困難になっていく。実現するために必要な代償も、雪だるま式に増えていく。

満たされなさを補おうとしたあれこれが、より大きな満たされなさを創り出していく。

だからこそ、「足る（満たされるとは何か）を知る」ということが大切だ。

充足の中に、屈辱は生まれない。

刺激中毒にブレーキをかけられたなら、すっかり不感症気味になっていた、本来の感性が呼び覚まされる。

そうすれば、いつまでも安泰でいられるよ。

第45章　不器用なヒーロー

大成若缺、其用不弊。大盈若沖、其用不窮。
大直若詘、大巧若拙、大辯若訥。
躁勝寒、靜勝熱。清靜爲天下正。

本当に完成されたものは、何かが欠けているように見えるが、壊れることがない。
本当に満ちているものは、からっぽのように見えるが、尽きることがない。
本当の意味でまっすぐなものは、曲がりくねって見え、
本物の職人は不器用に見え、優れた弁舌ほど口下手に見える。
動き回れば寒さがしのげ、じっとしていれば暑さをしのげる。
落ち着きがあり、曇りのない者こそが、この世の狂気を治められる。

第46章 本当の幸せ

天下有道、却走馬以糞、天下無道、戎馬生於郊。
罪莫大於可欲、禍莫大於不知足、咎莫大於欲得。
故知足之足、常足。

この世がタオに染まったら、軍馬も農耕に使われることだろう。
この世がタオから外れれば、身ごもった母馬さえ狩り出され、遠い戦地で出産するはめになる。
強欲であることより大きな罪はなく、
満足を知らないことほど大きな災いはなく、
獲得することに躍起になることほど大きな過ちはない。
『足るを知る』という言葉が指しているのは、**「有り余るほど抱えている」**ことでも、**「欲をこらえて我慢する」**ということでもない。**「欠乏感がない」**ということなんだ。
ね、だから『足るを知る』なら、常に充足とともにあれるのさ。

第47章　ひきこもりの美学

不出戸、知天下、不闚牖、見天道。

其出彌遠、其知彌少。

是以聖人、不行而知、不見而名、不爲而成。


タオはすべてに行き渡っているから、部屋から出ずとも見つけることができる。

窓の外をうかがわなくても、その法則に気づくことができる。

案外、あちこち尋ね回るほど、かえってわからなくなるものなんだ。

情報収集に明け暮れるってのは、いま目の前にある事実や、自身の洞察を放棄して、「知ること」を他者の判断に委ねるってことだからね。

だからこそタオを生きる人たちは、出歩かずして本当のことを知る。

世の理《ことわり》、法則とともにあるからこそ、経過を見ずとも結果を悟る。

作為を持たずとも成し遂げられる。

第48章　タオの道は、手放す道

爲學日益、爲道日損。損之又損、以至於無爲。

無爲而無不爲。取天下常以無事。

及其有事、不足以取天下。


学問の道を歩むなら、日々知識を得ることができる。

だけど、タオの道を歩むなら、日々知識は失われる。

「あれ」「これ」「それ」といった分別、「べき」「ねば」といった信念、「上だ」「下だ」の競争心、

「取った」「取られた」の損得勘定、そういった頭の中のこだわりを、減らしに減らして、無為に至る。

無為にして、すべてをスムーズに成し遂げていく。

大きなことを成し遂げたいなら、ことさらリラックスが大切だろう？

「やってやるぞ」と力んでしまえば、かえって上手く回らなくなるのさ。

第49章　罪は憎めど、人を憎まず

聖人無常心。以百姓心爲心。善者吾善之、不善者吾亦善之、徳善。

信者吾信之、不信者吾亦信之、徳信。聖人在天下、歙歙爲天下渾其心。

百姓皆注其耳目。聖人皆孩之。


タオを生きる人の心には、こだわりがない。周りの気持ちに同調してその場その場に合わせていく。

ただね、同調するとは言っても、みんなが「悪人」と呼ぶ人にも「善人」と変わらず接するんだ。

「行為」と「人」を同一視しない。現象はすべて「全体の流れ」だということを知っているからこそ、その人の存在を否定することがないんだ。みんなに「信用できない」と言われる人のことさえも信じる。その人の言葉の奥にある、心の方を見ているからさ。


彼らが世に立つ時は、ひっそりと心をその場に馴染ませてしまう。

みんなが「お前の意見はどうなんだ?」と注目し耳をそばだて詰め寄っても、「自分の意見・判断」を主張することなく、ギスギスしてるみんなの心を赤ん坊のように柔らかくしてしまうのさ。

第50章　隙《すき》のない人

出生入死。生之徒十有三、死之徒十有三。人之生、動之死地、亦十有三。夫何故。以其生生之厚。蓋聞、善攝生者、陸行不遇兕虎、入軍不被甲兵。兕無所投其角、虎無所措其爪、兵無所容其刃。夫何故。以其無死地。

誕生は、死の入り口だ。

人間には、もともと長生きする連中が十人のうち三人いて、若くして亡くなる連中が三人。黙っていりゃもっと生きていられるのに、わざわざ寿命を縮めてしまう連中が三人いる。

なぜ早死にしてしまうかといえば、生に対して執着しすぎるがあまり、不用意な行動をとってしまうからだ。

こんな諺《ことわざ》がある。『生を全うする者は、陸を旅しても猛獣に遭わず、戦地ですら武具に頼らない。サイが角を突く隙《すき》も、トラが爪を立てる隙も、敵兵が刃を向ける隙もない』と。

なぜかといえば、彼らには死神のつけいる隙がないからさ。

第51章　無条件の愛

道生之、徳畜之、物形之、勢成之。是以萬物、莫不尊道而貴徳。

道之尊、徳之貴、夫莫之命、而常自然。

故道生之、徳畜之、長之育之、亭之毒之、養之覆之。

生而不有、爲而不恃、長而不宰。是謂玄徳。


タオが命を与え、徳がそれを養う。物質が形作られ、形あるものの性質が出来上がる。

だから万物はタオを尊び、徳を貴ぶんだ。

タオの尊さと徳の貴さは、誰がそうさせるのでもなく、自然とそうなったんだ。

だからタオはすべてを生み出し、徳がそれを養い、成長させ、育み、安定させ、充実させ、食べさせ、かくまってくれる。生み出してなお我が物とせず、営みながらも誇らず、成長させても支配しない。どんな駆け引きも取引も要求しない。一切の見返りを求めない。

これを「愛」と言わずして、なんと言おう。

第52章 母のもとへ

天下有始、以爲天下母。

既知其母、復知其子、既知其子、復守其母、没身不殆。

塞其兌、閉其門、終身不勤。開其兌、濟其事、終身不救。

見小曰明、守柔曰強。用其光、復歸其明、無遺身殃。是謂習常。


この世界の始まり、そこに「世界の母」がいる。

母（タオ）を知れば、子（万物）を知ることができる。

子であることを知って、母のもとから離れない。これで、もう安心。

誘惑の窓（目・耳・鼻・口）を塞ぎ、欲望の門（心という情動の出入り口）を閉ざせば、生涯擦り切れることはない。誘惑の窓を開け、欲望の導くままに生きるなら、一生救いようがない。

小さなものをよく観察できる人は明晰で、しなやかさを保てる人ほど強い。内なる光を働かさせて、タオのもとへと還ったなら、どんなカルマも残るまい。涅槃《ニルバーナ》の境地はそこにある。

第53章　脇道が好きな人

使我介然有知、行於大道、唯施是畏。大道甚夷、而民好徑。

朝甚除、田甚蕪、倉甚虚、服文綵、帯利劒、厭飲食、財貨有餘。

是謂盗夸。非道哉。


自分の中に「気づき」があれば、タオの広い道を歩き、脇道にそれることを戒めるだろう。

無為の大道はこの上なく平坦なのに、人はとかく脇道にそれたがる。

口では「愛が欲しい」と言いながら、ちっともそこを生きようとしない。

宮殿は綺麗に整えておきながら、田畑は戦で荒れ放題。民衆の蔵はからっぽだ。

お偉いさんたちは綺麗に着飾り立派な剣をぶら下げながら、暴飲暴食し放題。

「まずい」だの「飽きた」だの言いながら食べ物を粗末にし、しこたま使いもしない金を貯め込んでる。いやはや、まるで盗賊の栄華だね。

どうしてそんなにイミテーションが好きなのか。脇道にそれるにもほどがある。

第54章　自分が変われば、世界が変わる

善建者不抜、善抱者不脱。子孫以祭祀不輟。修之於身、其徳乃眞。

修之於家、其徳乃餘。修之於郷、其徳乃長。修之於國、其徳乃豐。

修之於天下、其徳乃普。

故以身観身、以家觀家、以郷觀郷、以國觀國、以天下觀天下。

吾何以知天下然哉、以此。


優しさがしっかり根付いたなら、タオから抜け落ちることはない。

思いやりをしっかり抱いたなら、世間に振り回されることがない。

本当の真心は、子孫から子孫へと、脈々と受け継がれていく。

まずは君自身に、しっかり根付かせることだ。その影響は、いずれ家族や集落にまで広がっていくだろう。

国にまで広がったら、国中が優しさに溢れるだろう。世界にまで広がったら、世界中が平和で満た

されるだろう。
社会（システム）が人を形成するのではなく、人の心が世界を形成するんだ。
だから、自分自身を省みることによって、真の自分のあり方がわかり、
家族との関わりを省みることによって、真の家族のあり方がわかり、
コミュニティーとの関わりを省みることによって、真のコミュニティーのあり方がわかり、
社会との関わりを省みることによって、社会の真のあり方がわかり、
世界との関わりを省みることによって、世界の真のあり方がわかる。
なぜ僕に、世界のあり方を知る術《すべ》があるのかと言えば、この視点があるからなんだ。

第55章　赤ちゃんを見習おう

含徳之厚、比於赤子。蜂蠆虺蛇不螫、猛獸不據、攫鳥不搏。

骨弱筋柔而握固。未知牝牡之合而峻作、精之至也。

終日號而不嗄、和之至也。

知和曰常、知常曰明、益生曰祥。

心使氣曰強。物壯則老、謂之不道、不道早已。


徳を深く内に備えている人は、赤ん坊のようだ。

まったく敵意や邪心がないから、蜂やサソリ、マムシの類も彼を刺したり咬んだりしようとしない。猛獣の類も彼を襲わず、鷲や鷹の類も掴みかからない。

赤ん坊を見てごらん。まだ骨は弱く、筋力も心許ないが、それでもギュッと手を握ったときの固さはどうだ。

セックスの「セ」の字も知らないくせに、おチンチンはピンと上を向いている。

それは彼が、生命エネルギーの供給源であるタオに繋がっているからさ。だから精気に満ちている。

一日中泣き叫んでも声が枯れないのは、陰陽の調和がとれているからだ。

そういう風に、調和の原理に気づくところにタオの道はあり、その道から外れないことを「明晰」という。

元気であるのは喜ばしいが、だからといって、いたずらに気力を煽るのは考え物だ。それはただの強がりでしかない。

どんなものであれ、威勢が良すぎると、かえって衰えるのも早いのさ。

理にかなってないね。不自然な振る舞いは、すぐに行き詰まる。

第56章　掴み所のない人

知者不言、言者不知。塞其兌、閉其門、挫其鋭、解其紛、和其光、同其塵。是謂玄同。故不可得而親、亦不可得而疏。不可得而利、亦不可得而害。不可得而貴、亦不可得而賤。故爲天下貴。

本当にわかっている者なら、多くは語らない。わかっちゃいないヤツほど口数が多いのさ。タオを生きてる人間なら、無駄に口を開かない。口どころか、目も耳も、無駄には使わない。穴という穴（目・耳・鼻・口）に栓をして、あらゆる誘惑を門前払いしてるのさ。ただ飄々《ひょうひょう》と、己の心のトゲを抜き、こんがらがった心のもつれを解き、気づきと調和しながら、塵舞う世間に混じっている。

こういう人を「玄同」と言ってね、なかなか気安く近づけないし、かといって遠ざけてよそよしくすることもできない。利益を与えることもできないし、危害を加えることもできない。拝むこともできなければ、蔑《さげす》むこともできない。だからこそ、価値を超えた価値があるのさ。

第57章　世界をひとつにしたいなら

以正治國、以奇用兵、以無事取天下。
吾何以知其然哉。以此。天下多忌諱、而民彌貧。民多利器、國家滋昏。
人多伎巧、奇物滋起。法令滋彰、盜賊多有。
故聖人云、我無爲而民自化。我好靜而民自正。我無事而民自富。
我無欲而民自樸。※（其政悶悶、其民醇醇。其政察察、其民缺缺。）

国を治めるなら、権力ではなく、誠実さを持ちなさい。
徴兵が必要だと言われても、武力ではなく調和で解決することだ。
世界をひとつにしたいなら、小賢しい企てをせず、無為にすべてを委ねることだ。
これにも理由が必要かい？　こういうことだよ。
「あれはダメ、これもダメ」と禁止事項が多くなるほど、人々はますます困窮する。
いろいろ武器を持たせても、防衛ではなく暴力に使い出す。

テクノロジーが高度になるほど、人の手に負えなくなる。
法令が多くなればなるほど、網の目を潜ろうとする輩が増えていく。
それゆえに聖人はこう言う。
「わたしなら余計な手出しはしないね。
民が本当に望むのなら、自ら進んで変わるだろう。
国が治まるのは、人々が本当の自由と平和を愛するときだ。
国家が何もしなければ、みんなが豊かに暮らせるだろう。
余計な欲を持たせなければ、人は健全になっていくのだから」と。

政府※が無理に締め付けずおおらかであれば、国民は純朴さを取り戻す。
政府がガミガミうるさければ、国民はピリピリ苛立ち出す。

※広く知られる現行諸本では、第五十八章の冒頭に記載されてる記述です。
しかしながら、後の章では文脈が繋がらない違和感があるため、後世における章分けミスではないかと考えました。
真偽のほどは定かではありませんが、本書ではあえて当頁にて意訳しています。

第58章　いつだってグレーゾーン

禍兮福之所倚、福兮禍之所伏。孰知其極。

其無正。正復爲奇、善復爲訞。人之迷、其日固久。

是以聖人方而不割、廉而不劌、直而不肆、光而不曜。


災いのあとには幸運が訪れるし、幸運のあとには不運が待っている。

幸運と不運は表裏一体で常に巡る。諸行無常の終着点を、いったい誰が知っている？

そう、この流れに定まるところなどないんだ。

場所や時代、習慣などが異なれば、正常と呼ばれるものも異常になり得るし、立派だと誉められた行いも、怪しげなものに姿を変える。

だから、人が迷ってしまうのは、いまに始まったことじゃない。

それゆえ、**タオの道に従う人は、白だ黒だと割り切らない。**

厳しくあっても傷つけず、実直であっても押しつけず、光放てどギラつかせない。

第59章 ミニマリズムのすすめ

治人事天、莫若嗇。夫唯嗇、是謂早服。早服謂之重積德。

重積德、則無不克。無不克、則莫知其極。莫知其極、可以有國。

有國之母、可以長久。是謂深根固柢、長生久視之道。


結局のところ、自我を鎮め天命を全うするのであれば、慎ましくあることに勝るものはない。

物質的なものであれ、心の中であれ、お荷物が多いほど、足取りは重くなってしまうだろう？

慎ましく、ミニマルに生きていれば、何事にも即座に対応できるってものさ。

不慮な出来事が起きたときや、いざというときにこそ、その積み重ねた徳が実感できるだろう。

その徳が生活に根付いていれば、何事もスムーズに展開する。スムーズに流れるところに「行き詰まる」ということはない。行き詰まりがないからこそ、国を保つことができるんだ。

国を保つ母、タオが教えてくれる慎ましさが、国を永らえてくれる。

慎ましさの根を深く張り、幹を固くするところに、長寿の道がある。

第60章　タオあるところに祟りなし

治大國、若烹小鮮。
以道莅天下、其鬼不神。非其鬼不神、其神不傷人。
非其神不傷人、聖人亦不傷人。夫兩不相傷。故徳交歸焉。

大きな国を治めるなら、小魚を煮るときのように、いたずらにかき回さないことだ。
つつくほどに、形が崩れてしまうからね。
タオの道を歩むリーダーなら、そんなことはしない。
すると国の鬼神も、祟りを起こさなくなる。神通力が人に祟ることがない。
リーダーも鬼神も、人を苦しめない。
リーダーと鬼神が互いに害し合うことがないんだ。
そうして、リーダーも鬼神も、互いに徳を回復する。

第61章　へりくだる力

大國者下流。天下之交、天下之牝。牝常以靜勝牡。以靜爲下。

故大國以下小國、則取小國。小國以下大國、則取大國。

故或下以取、或下而取。大國不過欲兼畜人、小國不過欲入事人。

夫兩者各得其所欲。大者宜爲下。


大国は、大河の下流。すべての流れが交わるそこは、世界中が慕う女性のようなもの。

いつの時代も、男が女性に敵わない理由は、女性が、じっと静かに下手《したて》に出るからだ。

大国だからこそ、ものごし静かに小国にへりくだって接することだ。そうすれば、小国からの信頼が得られる。そしてまた、小国の側もへりくだって大国に接すれば、大国の信頼を得ることができる。

へりくだることで配下に取ることもでき、へりくだることで安定を得る場合もある。

大国は小国を帰属させ、養おうと望んでいるにすぎず、小国は大国の傘下に入って仕えようと望んでいるにすぎない。両者の望みを叶えるなら、まずは大国からへりくだればいい。

第62章　世界の宝

道者、萬物之奧。善人之寶、不善人之所保。美言可以市、尊行可以加人。

人之不善、何棄之有。

故立天子、置三公、雖有拱璧以先駟馬、不如坐進此道。

古之所以貴此道者何。不曰以求得、有罪以免耶。故爲天下貴。


タオは万物の根底にあるもの。善人の宝であるとともに、慈悲なき人の逃げ場でもある。

美辞麗句が市場に溢れ、親切な行いが誉められるのは、皆が知るところ。

どんな悪人をもってしても、そのことを知らないはずがない。コレばかりは捨てきれないのさ。

皇帝が即位し大臣が置かれると、宝玉や四頭立ての馬車が献上されるが、どんな貢ぎ物も、じっと座ってタオの道を薦めることには及ばない。

いにしえの人々がタオを尊ぶのはなぜか。そのゆえんは、求めれば必ず得られ、罪があっても許されるからだ。だから、世界の宝なのさ。

第63章 できるかな？

爲無爲、事無事、味無味。大小多少、報怨以徳。

圖難於其易、爲大於其細。天下難事必作於易、天下大事必作於細。

是以聖人終不爲大。故能成其大。夫輕諾必寡信、多易必多難。

是以聖人猶難之。故終無難。


イベントやサプライズを求めずに、味気ない日常を、そのまま味わうことができるかな？

一攫千金を夢見るのではなく、小さなコトをコツコツと積み重ねることができるかな？

恨み辛みを、徳で報いることができるかな？

大事になる前に、小さなうちに片付けることができるかな？

面倒事ってのは、必ず些細なことから始まるんだ。

だからタオを生きる人は「大問題を解決する」なんてことをせずに、偉大なことを成し遂げる。

安請け合いをする人は信用しないことだ。安易に取りかかる人ほど、面倒なことを起こす。

だからタオを生きる人は用心深く、小さなことから真剣に取り組み、難事を避けて無事をいく。

それが、困難に直面しない生き方のコツさ。

第64章　千里の道も一歩から

其安易持、其未兆易謀、其脆易破、其微易散。

爲之於未有、治之於未亂。合抱之木、生於毫末、九層之臺、起於累土。

千里之行、始於足下。爲者敗之、執者失之。是以聖人、無爲、故無敗。

無執、故無失。民之從事、常於幾成而敗之。愼終如始、則無敗事。

是以聖人欲不欲、不貴難得之貨。學不學、復衆人之所過。

以輔萬物之自然、而不敢爲。


安定しているものは持ちこたえやすく、兆候が現れる前なら手が打ちやすい。

もろいものは崩れやすく、小さなものは散らされやすい。

表に現れないうちに事にあたり、混乱の芽は、乱れる前に摘み取るんだ。

両手で抱えきれないほどの大木も、はじめは毛ほどの芽から成長し、九層からなる高台も、一盛りの土から築かれる。

『千里の道も一歩から』と言うだろう？

世間の人は、成功を目指して闇雲に進むが、結局途中で息切れしてしまう。

いいところまで進んだら進んだで、執着が過ぎて破綻する。

タオを生きる人には無理がないから失敗がなく、執着がないから失うこともない。

世間の人は、頑張りすぎるから完成間際になって挫折するんだ。

最後の仕上げも、はじめの一歩と同じように自然に出来たなら、しくじることもないのに。

だからタオを生きる人は、欲張らないことを欲し、得難い財宝にも興味がない。

博学を捨てることを学びとして、行き過ぎを正し、万物の「あるがまま」を助けて、余計な作為を持ち込まない。

第65章　政治の基本

古之善爲道者、非以明民、將以愚之。民之難治、以其智多。

故以智治國、國之賊。不以智治國、國之福。

知此兩者、亦楷式。常知楷式、是謂玄德。

玄德深矣遠矣、與物反矣。乃至於大順。


タオをよく知るいにしえの人は、民衆を啓蒙するのではなく、愚かにしようとした。

民衆を治め難いのは、小賢しい知恵が多いからだ。作為が「愛」を「取引」に変えてしまうからだ。

ゆえに、知識に頼って国を治めようとすれば、災いを招く。

頭は物事を複雑にし、ハートは物事をシンプルにする。

知識に頼らず国を治めるなら、幸福は訪れる。

これを心得ることこそ政治の基本、「玄徳」という。

玄徳が明らかになり、人々から「取引」の感覚が消えたとき、「愛」という完全な調和が現れる。

第66章　無敵の王

江海所以能爲百谷王者、以其善下之。故能爲百谷王。

是以欲上民、必以言下之、欲先民、必以身後之。

是以聖人、處上而民不重、處前而民不害。是以天下樂推而不厭。

以其不爭、故天下莫能與之爭。


大河や海が「百谷の王」になれるのは、己を低きところに保つから。それが「王」たる理由だ。

それゆえ、民を治めようとするなら、まずはじめに言葉でその謙虚さを示さなければならない。

人の前に立ちたいと思うのなら、その身を民の後ろに置かなければならない。

だから、タオを知る者がリーダーなら、上に立っても民は負担に感じない。

前にいても邪魔がられない。後々まで彼を支持したいと思い、嫌うことがない。

彼は誰とも争うことがない。だから、国中の誰もが、彼と争うことができないんだ。

第67章　三つの宝

天下皆謂我道大似不肖。夫唯大、故似不肖。若肖、久矣、其細也夫。

我有三寶、持而保之。一曰慈、二曰儉、三曰不敢爲天下先。

慈、故能勇。儉、故能廣。不敢爲天下先、故能成器長。

今舍慈且勇、舍儉且廣、舍後且先、死矣。夫慈以戰則勝、以守則固。

天將救之、以慈衛之。


世間の人は皆、僕が歩む『無為の道』を、「大きくはあるが道らしからぬ」と批評する。

でもそれは、広ければこそ「道」らしく見えないのであって、道らしく見えていたら、とっくに狭いものになっていただろう。

僕には、大切に守っている三つの宝がある。

一つ目は「慈愛」、二つ目は「慎ましさ」、三つ目は「人と先を争わない」ということだ。

慈愛があるからこそ、勇敢でいられる。むさぼらないからこそ、広く施せる。人と先を争わないからこそ、リーダーとなることができる。

もしも、慈愛を捨てて勇敢さだけを求めたり、慎ましさを捨てて施したり、譲ることを捨てて先を争えば、その先には滅亡しかないだろう。

深い慈愛がある人は守りが固く、負けることがない。

それは、天もまた慈愛をもって守護してくれるからだ。

第68章　争わない力

善爲士者不武。善戰者不怒。善勝敵者不與。善用人者爲之下。
是謂不爭之徳、是謂用人之力、是謂配天。古之極。

優れた武士は威圧しない。
秀でた戦士は怒らない。
よく勝つ者は争わない。
上手に人を使える人は、へりくだることができる。
これが争わず、人の力を用いる「天の采配」。
いにしえから伝わるタオの極意だ。

第69章　究極の兵法

用兵有言、吾不敢爲主而爲客、不敢進寸而退尺。

是謂行無行、攘無臂、扔無敵、執無兵。

禍莫大於輕敵、輕敵幾喪吾寶。

故抗兵相加、哀者勝矣。


兵法に、こんな言葉がある。

「戦は先に仕掛けず、受け身の立場を取れ。一歩進もうとするより、一歩後退せよ」と。

無い部隊を進め、無い拳を振り上げ、無い武器を身につける。

こちらからは喧嘩は売らない。

それよりも、相手が、何を恐れているのかに目を向けるんだ。

相手を見下すことより大きな災いはなく、相手を軽視すれば、「三つの宝」を失ってしまう。

それゆえに、対立の時には、より慈悲深き者が争いを終わらせる。

怒りや暴力で訴える人のことを、よく観察してごらん。
その攻撃性の裏には、必ずなにがしかの恐れが隠れているから。
大切にしている何かを守ろうと、必死で威嚇しているんだ。
彼らは何を守ろうとしているのだろう。何を傷つけられることを恐れているのだろう。
家族？　仲間？　信念？　プライド？　地位？　利益？
こちらがそれを奪おうとしたり、傷つけようとするから火花が散る。
恐れを抱く者には、刃《やいば》ではなく慈悲を向けよう。
「大丈夫だよ」と、安心させてあげよう。
そうすることで、誰も傷つくことなく争いは解決する。
無論、君が抱える怒りもまた同じだ。

第70章　言葉の前にあるもの

吾言甚易知、甚易行。天下莫能知、莫能行。

言有宗、事有君。夫唯無知、是以不我知。

知我者希、則我者貴。是以聖人、被褐而懐玉。


僕の話はとても易しいし、すぐにでも行えることばかりだ。

何ひとつ、特別なことなどないのだからね。人並み外れた才能も血のにじむような努力も必要ない。

それなのに、わかろうとする人は少なく、実行しようとする人もいない。

言葉の前に、言葉では表せない存在の本質がある。事象の前に、それらが形作られる仕組みがある。

人々は、それがわからないから、僕の話を理解できないんだ。

言葉の前を見ずに、言葉ばかりに目を向ける。仕組みを見ずに、事象ばかりに関心を向ける。

理解できる人がいないからこそ、僕はまれな存在だ。

身なりは薄汚れていても、内には宝玉を抱いている。

第71章　無知の知

知不知上、不知知病。夫唯病病、是以不病。
聖人不病、以其病病。是以不病。

自分が「何も知らない」と自覚している人は健全だ。
知らないくせに、知ってるつもりになっている人は、ある意味病気だね。
病気を病気だと自覚すれば、病気でなくなる。
タオを生きる人は病んでない。
病んでいることを、病んでいると自覚しているからこそ、健全でいられるんだ。

第72章　民と政治のいい関係

民不畏威、則大威至。無狎其所居、無厭其所生。

夫唯不厭、是以不厭。

是以聖人、自知不自見、自愛不自貴。故去彼取此。


国民がお上の権威を舐めだすと、十倍返しが待っている。

「ちゃんと働け、もっと納めろ」と権力をたてに、人々の生活を余計に圧迫させていく。

だから、なんでもかんでも「社会が悪い」「政治が悪い」とお上のせいにしなさんな。

役人も役人で、国民の生活の場を狭めたり、生業《なりわい》を制限したりしなさんな。

国民に圧力をかけなければ、役人も国民に嫌われないだろう。

タオを生きる人なら、どちらにつくわけでもない。

不平不満を口にすることもなく、声高に主義主張を押しつけることもない。

自分を愛して偉ぶらない。世に縛られず、無為をゆく。

第73章　お天道様はお見通し

勇於敢則殺、勇於不敢則活。此兩者、或利或害。

天之所惡、孰知其故。是以聖人猶難之。

天之道、不争而善勝、不言而善應、不召而自來、繟然而善謀。

天網恢恢、疏而不失。


もしも君が人殺しに出くわしたとして。

勇気をもって殺すのか、はたまた、勇気をもって殺さずにおくか。その決断には、どちらにも一長一短がある。

もしも神さまがいたのなら、何を罪として憎むだろう。

いやいや、その真相は誰にもわからない。タオを生きる人を持ってしても、その判断は難しい。

が、天はよく知っている。

争わずして解決し、何も語らずに応え、招かなくとも訪れ、大まかでありながらも狂いがない。

そんなタオの網は広大で、世界中の至る所に張り巡らされている。
網の目は粗いが、どんな悪人であろうと、一人も漏らさず取り逃がさない。
君が裁かなくとも、徳はかならず報いられ、悪徳にはかならず報いがある。

第74章　死刑の是非

民不畏死、柰何以死懼之。
若使民常畏死、而爲奇者、吾得執而殺之、孰敢。常有司殺者殺。
夫代司殺者殺、是謂代大匠斲、夫代大匠斲者、希有不傷其手矣。

もし君主が人々をうんと痛めつけて、「もう死んだ方がましだ」なんて思われるようになったら、死刑で人を脅せなくなるね。

もし君主が人々を幸せにできたなら、人々は生きる事を楽しんで死を恐れるようになる。それなら死刑も効果的だろう。しかしだよ、それでもなお不埒な奴らは出てくるもんだ。「死刑にしてしまえ」というのはいいが、誰が好んでその執行人になるのだね？

本当に死を司ることができるのは、天だろう？

天に代わって処刑するのは、素人が大工を真似て木を削るようなもの。自分の手を傷つけないですませるなんて、滅多にはできないんだよ。

第75章　どっちもどっち

民之飢、以其上食税之多。是以飢。民之難治、以其上之有爲。是以難治。民之輕死、以其上求生之厚。是以輕死。夫唯無以生爲者、是賢於貴生。


民が飢えるのは、国がやたらに税を取りすぎるからだ。

民を飢えで苦しませるから秩序が乱れ、治めづらくなるんだよ。

民が自分の命も省みず、暴動や反乱を起こすのは、トップが私腹を肥やしてばかりだからさ。

世間の人々が命を軽んじてまでお上と争うのは、「ずるいぞ！　お前らばかりがいい思いをしやがって！」という理由だろう？

つまりは、どっちもどっちなのさ。

民もお上も「豊かさ」のことを、「暮らしぶり」だと勘違いしている。物質的な豊かさの中に、幸せのすべてがあると思い込んでいる。

その思い込みに囚われない者こそ、「豊かさ」の本質を知っているんだ。

第76章 「死」のグループと「生」のグループ

人之生也柔弱、其死也堅強。萬物草木之生也柔脆、其死也枯槁。

故堅強者死之徒、柔弱者生之徒。

是以兵強則滅、木強則折。強大處下、柔弱處上。


人は、生まれてきた時は柔軟でフニャフニャしているけど、死んだときは硬くこわばっている。

草木や他のものも、生まれてきた時はしなやかでふっくらしているが、死んだときには枯れてカサカサになる。

硬くこわばっているものは「死」のグループで、柔らかくしなやかなものは「生」のグループ。

だから、軍隊が強大になると滅びてしまう。堅すぎる木はポッキリ折れてしまう。

木の幹と、先端の小枝を見てごらん。

ね、大きくて強いものは下位に属し、柔らかで弱いものが頂点に属するだろう？

第77章「蓄え」は「余り」

天之道、其猶張弓乎。高者抑之、下者擧之。有餘者損之、不足者補之。天之道、損有餘而補不足。人之道、則不然、損不足以奉有餘。孰能有餘以奉天下。唯有道者。是以聖人、爲而不恃、功成而不處、其不欲見賢。


タオの法則は「弓を張るがごとし」だ。

まんなかの高くなる部分を足で押さえて、両端の低い部分を持ち上げる。

張りすぎて高くなっていれば力を弛め、張りが足りなければ、さらに持ち上げる。

タオの法則はこれと同じ。

余計なものを減らして、足りないものを補っていく。

ところが世間の様子はそうじゃない。足りずに苦しむ方から取って、余りのある方へ与えている。

さて、有り余っているところから、足りない方へ差し出せるのは、いったい誰だろう。

そう、タオの法則に沿う人だけだ。

だからタオを生きる人は、施しても奢らず、功を成してもそこに居ず、賢さをひけらかそうともしない。

第78章　師匠は水

天下莫柔弱於水。而攻堅強者、莫之能勝。其無以易之。
弱之勝強、柔之勝剛、天下莫不知、莫能行。
是故聖人云、受國之垢、是謂社稷主、受國不祥、是謂天下王。正言若反。

この世に、水ほど柔らかくしなやかなものはない。
しかし、堅くて強いものを攻めるのに、水に勝るものはない。水に代わるものがない。
しなやかなものが強いものに勝ち、柔らかいものが堅いものに勝つ。
世間の人もよく知っていることだけど、実行できる人は少ないね。
だからこそタオを生きる人は言うんだ。
「国の汚名を引き受けられる者こそ、真の王にふさわしい。
世界の不幸を引き受けられる者こそ、世界の王にふさわしい」と。
本当の言葉は、世間の常識とは正反対に聞こえる。

第79章 「心配」せずに「信頼」する

和大怨、必有餘怨。安可以爲善。

是以聖人、執左契、而不責於人。

有徳司契、無徳司徹。天道無親、常與善人。


深い恨みを持った人は、どんなに許す気持ちになっても、必ず少しはしこりが残ってしまう。

それじゃあ気持ちよく和解できたことにはならないね。

だから、はじめから恨みを持たないことが大切なんだ。

タオを生きる人なら、お金を貸したとしても取り立てをするようなマネはしない。

仮に割り符（借用証書）の半分を握っても、それで相手を責め立てない。

徳ある人は「信頼」し、徳なき人は「心配」する。

タオは決してえこひいきしないけど、常に善人を助けてくれる。

徳ある人はそれをよく知っているのさ。

第80章　小さな理想郷

小國寡民、使有什伯之器而不用。使民重死而不遠徙。
雖有舟轝、無所乗之、雖有甲兵、無所陳之。
使民復結繩而用之、甘其食、美其服、安其居、樂其俗。
鄰國相望、雞犬之聲相聞、民至老死、不相往來。

あえて僕の理想郷を挙げるなら、小さな国で、人口も少ないところかな。
文明の利器はあっても使わない。
みんなの命を大切にするから、遠くへ逃げる必要もない。
舟や車もあるけど、それに乗ってわざわざ遠出する必要もない。
武器や防具の用意はあるけど表に出す機会がない。
物の取引もギスギスせずに、昔みたいな縄に結び目をつけるぐらいのやり方がいいな。
食べ物も好き嫌いせず、いまある服でオシャレなのさ。

質素な住まいに落ち着いて、習俗を楽しんでいる。

隣国の人々を互いに眺められ、鶏や犬の鳴き声も聞こえてくるけど、老いて死ぬまで行き来はない。

そんなところがあったなら、君も一緒に暮らすかい？

第81章　タオとともにあらんことを

信言不美、美言不信。善者不辯、辯者不善。

知者不博、博者不知。聖人不積、既以爲人、己愈有、既以與人、己愈多。

天之道、利而不害。聖人之道、爲而不爭。


さて、ここまで読んでくれてありがとう。

君もそろそろ気づいているとは思うけど、これ以上は同じ言葉の繰り返しになりそうなので、ここらへんで筆を置こうと思います。


こうして僕が綴ってきたことは、気の利いた処世術でも人生訓でもない。

「社会」という枠組みの外、そこに流れる「命の本質」の提示だ。

そして、そこにこそ人々が見失ってしまった充足がある。

ま、「手放すからこそ、満たされる」なんて言っても、大抵の人は信じやしないけどね。

何度も書いてきたけども、社会は人と人との関わり、「持ちつ持たれつ」という関係によって成り立っている。つまりは「ギブ・アンド・テイク」だ。

多くの人は「そりゃあ、そうでしょう。なにをいまさら当たり前のことを」と言うが、人々が本当に真心をもって生きたなら、そこに「取引（見返り）」は生まれない。

教育やモラルも、「社会における円滑な取引」を教えているにすぎない。

そしてまた、その「取引」によって幸せが得られると信じきっている。

でも、それは違うよ。

人は、その取引から解放されて自由になり、取引を超えた関係の中にこそ愛を見出せるのだから。

「そんな話はしょせん綺麗事だ」と笑うかい？

ああ、世間の人はそうやって、わざわざ「不浄事」の世界を生きるのさ。

タオの道を歩む志があるなら、人の話や常識に振り回されず、自分の目で、自分の耳で、「本当は何が起きているのか」を感じ取るんだ。

「存在とは何か」「愛とは何か」なんて、考えるものじゃない。感じることだ。

頭の中の物語に惑わされることなく、「あるがまま」を生きるんだ。

過去や未来といった脇道にそれることなく、「いま」という大道を歩むんだ。

真実を示す言葉は美しくなく、美しい言葉は真実でない。
優れた人は多くを語らず、口達者な人は本物ではない。
真実を知る人は教養に頼らず、博識ぶる人ほど真実を取り逃がす。
タオにつながる人は貯め込まず、施し散らしてなお富みを増す。
天の道理は、万物に恵みを与えて奪わないこと。
タオの道を歩む人の道理は、争わないこと。

社会に根付いた「取引」と「競争」を脱した世界に、君が求める愛と安堵、そして平和がある。

この手紙の中で、繰り返してきたその言葉が示すものが、君に伝わっただろうか。
どうぞ、ここにある言葉に囚われることなく、言葉の向こうにある「もう一つの世界」に還られますように。

いつまでも、タオとともにあらんことを——

名を捨てた老いぼれより

あとがき

この本は、二〇一六年の夏に書き上げ、同年十一月に株式会社アウルズ・エージェンシーより『ラブ、安堵、ピース　東洋哲学の原点―超訳「老子道徳経（黒澤一樹著）』のタイトルで刊行されたものです。

本来出版社ではない会社から、ほぼ自費出版に近い形で世に出た本書は、限られた販路にも関わらず、口コミなどを通じて当初の想定を超える方々の目に触れる事になりました。

そんなこれまでと異なる形での出版であったことや、オリジナルの書き下ろしではなく、既存の書物を意訳するという内容などから、既刊書との差別化の意味も込め、それまでのペンネーム「雲黒斎」を伏せ、「黒澤一樹」なる筆名で発行した経緯があります。

発売からまだ数年。これまでもたくさんの皆さまから応援をいただいておりましたが、本来出版を生業としていない異業種の会社さまから発売したこともあり、増刷を継続していくことが難しくなってしまいました。

諸事情により早々と絶版を迎える運びとなった本書ですが、そんな状況を小学館の下山明子さまが気にかけてくださり、今回こうして再び世に出る機会をいただきました。

本書を応援してくださる読者の皆さまと、小学館さま、また復刊へ向けてご協力を賜りました編集の橋詰大輔さまに、この場を借りまして、改めてお礼申し上げます。

本当にありがとうございました。

さて、そんな経緯で再発行させていただくにあたり、タイトルと著者名を変更させていただきましたのはご覧の通りです。

前回は、老子を語るうえで僕が頻繁にいただく「難しそうな印象しかなく、なかなか手を伸ばす機会がないのですが、結局のところこの『老子道徳経』には何が記されているのですか？」という問いに、「愛と安堵と平和への導きが書かれているんですよ」というアプローチで答え、『ラブ、安堵、ピース』というそのままのタイトルとしておりました。

ちょっとした洒落の語感で、少しでも「小難しい」という印象から離れ、手に取りやすくなるのではと思ったのですが、それはそれで、今度は『老子道徳経』のイメージから離れてしまったかもしれません。

そこで今回改めて、『マスターからの手紙』というタイトルに変更させていただきました。

数千年の時を超え、いまこうして現代にまで受け継がれてきたマスターからの置き手紙。そんな世界観を感じていただけたなら幸いです。

以下は、初版時に掲載していた「あとがき」となります。

「老子」は、紀元前六〜五世紀の古代中国にいたと伝えられる東洋哲学の巨人ですが、実のところ、彼が実在した事を明確に示す証拠は、いまのところ何ひとつ見つかっていません。

彼の人物像が記された最も古い記述は、紀元前一〇〇年頃、司馬遷によって書かれた『史記』という歴史書にあるのですが、当時から既に老子は正体不明の伝説の人物として語られており、「この人かも」とその可能性を示された人物も三人いたりします。

歴史家の見解もさまざまで、この三人の内の誰かという人もいれば、複数の歴史上の人物をモデルに作りあげられた創作とする説や、単に神話上の人物とみる意見もあります。

また、この「老子」の二文字も「偉大な先生」といったニュアンスの尊称で、名前ではありません。本書のプロローグも、史記に記された三人の中で、最も可能性が高いとされる「老聃《ろうたん》」をピックアップし、わずかに残る情報から、想像を膨らませたものにすぎませんのであしからず。

そんな、謎多き人物が「道《タオ》（存在の本質）」と「徳（愛の本質）」について書き残したとされる書物が「老子道徳経（もしくは単に『老子』）」です。

さて、老子が誰であったのかはともかく、そこに残され代々書き継がれてきた言葉には、二十一世紀を生きる僕たちにとっても、深く突き刺さるものがあります。いえ、この時代だからこそ、余計に考えさせられるのです。

時の流れに左右されない、人間の性《さが》そのものを語っているのですが、時にはそれがある種の「予言」のようにも感じられてしまいます。

こんなに生活環境が改善されているのに、僕たちが抱える「満たされなさ」は、何も改善されていないじゃないか、と。

それはひとえに、老子が指摘したとおり、僕たちの中に様々な「混乱」や「思い込み」が根深く残っているから。その混乱と思い込みの世界に生きることに慣れすぎて「幸せ」を求める方向を見誤っているからではないでしょうか。

老子は、僕たちに根付いてしまっている、さまざまな混乱や思い込みを非常に簡潔な言葉で指摘し、紐解いてくれます。

そう。人生において大切なことは、もう二五〇〇年も前に、解き明かされていたのです。

たくさんの方々に、老子の魅力を知って欲しい。そして、その言葉の先に示された世界に触れてみて欲しい。そんな思いから、できるだけやさしく、楽しんで読み進めていただけるよう言葉を選びながら意訳を進めました。

「知る者は言わず、言う者は知らず」

「優れた弁舌ほど、口数が少ない」

そういう老子の言葉通り、原本はわずか五千数百字で綴られています。

そこに、僕のような門外漢が新たに言葉を付け足していくことは、無粋なようにも感じましたが、あえて本文にはない補足となるような文章をところどころで入れさせていただいております。

もちろん、できるだけ原文に沿う形で意訳を進めたつもりではありますが、ここに綴らせていただいた意訳も、あくまで「僕の解釈」を通して読んだ世界にすぎません。

もしも、本書を通じて、老子の世界にご興味をお寄せくださいましたなら、他の訳書などとも比較しながら、彼が示した「言葉の先」を見つけていただければと思います。


「タオ」は、獲得するものでも、達成されるものでもありません。僕たちの側がすっかり見失っているとしても、片時も離れることなく僕たちを見守り続けてくれている、大いなる母です。

だからこそ、タオを生きるためには、特別な知識や才能も、努力や時間も必要ありません。

大いなる母はいつだって、「現実に疲れたのなら、ここに帰っておいで」と両手を広げてくれています。

とはいえ、社会に身を置きながらそのすべてを手放していくのは至難の業。「わかっちゃいるけどやめられない」という状況に甘んじてしまうのが人の性です。

それでも、些細なところ、小さなことからでかまいません、これまで抱えていた信念や常識から自由になってはみませんか？

本当は何が起きているのか。現象の奥にある、その仕組みの側に、目を向けてはみませんか？

手放せた分だけ、そこにある本当の自由や、解釈を超えた妙の世界の姿が見えてくるはずです。

あなたの中にある混乱や思い込みが解かれ、幾ばくかでも大いなる母のぬくもりを感じられるお手伝いができたのなら幸いです。

雲黒斎

本書は、２０１６年アウルズ・エージェンシーより刊行された
『ラブ、安堵、ピース』を再編集した作品です。

著者略歴

雲黒斎（うん・こくさい）

1973年、北海道生まれ。グラフィックデザイナーを経て、広告代理店に入社。広告クリエイターとして上り調子にある最中、うつ症状の一種である記憶障害を患う。闘病中、どこからともなく湧き上がる哲学的なインスピレーションと対峙。その体験を綴ったブログは書籍化（『あの世に聞いた、この世のしくみ』サンマーク出版）され、15万部を超えるベストセラーとなる。その後、常識とされるものに切りこむ作風で執筆活動を開始。『極楽飯店』（小学館）では小説に挑戦し、「2016年啓文堂文芸書大賞」にノミネートされた。現在は独立し、宗教や哲学、スピリチュアルを土台としたユーモア溢れる人生哲学を、執筆や音声配信、トークライブなどで展開している。

カバーデザイン　渡邊民人（TYPEFACE）
編集　下山明子

マスターからの手紙

超訳『老子道徳経』

2019年4月8日　初版第一刷発行
2021年8月25日　第二刷発行

著者／雲黒斎
発行人／小澤洋美
発行所／株式会社　小学館
〒101-8001　東京都千代田区一ツ橋2-3-1
電話　編集　03（3230）4265
　　　販売　03（5281）3555
印刷所／大日本印刷株式会社
製本所／牧製本印刷株式会社

造本には十分気をつけておりますが、印刷、製本などの製造上の不備がございましたら、「制作局コールセンター」（0120-336-340）にご連絡ください。（電話受付は、土・日・祝休日を除く9：30～17：30）

ISBN 978-4-09-388692-5